Manuel R. Torres Soriano

# Espejismos del mañana

## Promesas y fracasos
## de la predicción política

EDITORIAL COMARES

Granada 2025

COLECCIÓN
**VOLVERÁS
A LA POLIS**

DIRECTOR DE LA COLECCIÓN
Ángel Valencia Sáiz (Catedrático de Ciencia Política de la Universidad de Málaga)

COMITÉ EDITORIAL
Manuel Arias Maldonado (Catedrático de Ciencia Política de la Universidad de Málaga)
José Manuel Canales (Catedrático de Ciencia Política de la Universidad de Alicante)
Arantxa Elizondo (Profesora Titular de Ciencia Política de la Universidad del País Vasco)
Nieves Lagares (Profesora Titular de Ciencia Política de la Universidad de Santiago de Compostela)
Carmen Navarro (Profesora Titular de Ciencia Política de la Universidad Autónoma de Madrid)
Pablo Oñate (Catedrático de Ciencia Política de la Universidad de Valencia)
Inmaculada Smolzka (Profesora Titular de Ciencia Política de la Universidad de Granada)
Pere Vilanova (Catedrático de Ciencia Política de la Universidad de Barcelona)
Fernando Vallespín (Catedrático de Ciencia Política de la Universidad Autónoma de Madrid)

El Grupo de Análisis Político (SEJ-618) del Plan Andaluz de Investigación,
Desarrollo e Innovación ha colaborado en la edición de este libro.

Ilustración de portada:
Carlos Gutierrez

Maquetación y diseño editorial:
Virginia Vílchez Lomas

*Para Marta, el único futuro que no se desvanece.*

# SUMARIO

# PRÓLOGO

Ninguno de los hombres y mujeres que se congregaron silenciosamente en la sala de pantallas era capaz de disimular sus rostros de decepción. Había vuelto a suceder. Un nuevo terremoto geopolítico, una ventana abierta a la incertidumbre, un aliado que caía de manera súbita y, ellos, volvían a enterarse a través de la televisión.

El reportero apretaba con fuerza el auricular de su oreja para intentar oír algo entre el estruendo de los miles de manifestantes que se concentraban en la plaza Tharir para gritar eufóricos: «muerte al faraón». Ante la imposibilidad de seguir hablando con su corresponsal en Egipto, el presentador volvió a recalcar ante los espectadores la trascendencia de lo que estaba sucediendo en las calles de El Cairo. No sólo caía uno de los dictadores más longevos de Oriente Medio, sino también el aliado más sólido de Estados Unidos en la región, lo que planteaba toda una serie de incógnitas sobre si la revolución egipcia también se llevaría por delante esta alianza. El director del programa se dirigió con gravedad a los comentaristas que le acompañaban en el plató: ¿Creéis que la caída de Mubarak ha cogido de nuevo por sorpresa a la Casa Blanca?

La pregunta retumbó como un martillazo en la cabeza del jefe de proyectos de la Oficina del Secretario de Defensa de los Estados Unidos. Sabía que en cualquier momento sería llamado ante su jefe y que tendría que rendir cuentas por el desmedido optimismo con el que, años atrás, vendió su proyecto de predicción del futuro. Su promesa de una herramienta que permitiría a la Administración anticiparse a las crisis políticas internacionales se evaporaba. Ni siquiera cuando el régimen estaba mostrando unos síntomas cada vez más evidentes de colapso, el sistema había sido capaz de registrar ni la más leve perturbación.

Era consciente de que, tanto su jefe, como sus principales asesores, no eran ningunos advenedizos en el complejo arte de promover iniciativas en la burocracia cívico-militar. No era ningún secreto que cualquier proyecto debía ser adornado con una aureola de expectativas que quedaban muy lejos de lo que finalmente era razonable lograr. Todo el mundo entendía y practicaba ese juego. El problema era que el Pentágono era un despiadado territorio darwiniano donde miles de depredadores luchan para capturar los fondos disponibles. Las fieras que pasan hambre guardan un duradero rencor a aquellos competidores que les arrebataron el alimento.

Noventa millones de dólares son una gota dentro de un océano tan profundo como el del presupuesto de defensa de los Estados Unidos. A pesar de ello, cualquier centavo destinado a herramientas de predicción del riesgo político era capaz movilizar a una legión de detractores que no perderían la oportunidad de hacer leña del árbol caído. La predicción «científica» del futuro era un muro contra el que se estrellaba el Pentágono una y otra vez, dilapidando por el camino una considerable cantidad de dinero de los contribuyentes.

En los pasillos del Departamento de Defensa seguía circulando esa leyenda apócrifa que decía que, en el año 1967, en plena Guerra de Vietnam, un equipo de analistas fue al sótano del Pentágono donde se encontraban unos gigantescos ordenadores con los que pretendía revolucionar el procesamiento de la enorme cantidad de datos que generaba a diario el conflicto. Los analistas decidieron introducir en el novedoso sistema de tarjetas perforadas todo lo que se podía cuantificar. Números de embarcaciones, tanques, helicópteros, artillería, ametralladoras, municiones, cualquier variable del conflicto que fuese susceptible de convertirse en una cifra. Tras introducir la información, plantearon la siguiente pregunta a la computadora: «¿Cuándo ganaremos en Vietnam?». Estos primeros ordenadores no eran máquinas que arrojasen resultados de manera instantánea. Así que tras finalizar la tarea un viernes, decidieron dejar a la computadora funcionando todo el fin de semana. Cuando llegaron el lunes, bajaron inmediatamente al sótano a comprobar el resultado a su pregunta, y allí encontraron una nueva tarjeta en la bandeja de salida que decía: «Ganasteis en 1965»[1].

Había sido necesario consumir una porción nada despreciable de su capital político para convencer al Secretario de Defensa de que, esta vez, era diferente. A diferencia de los intentos del pasado, vivíamos en un momento histórico donde sí existía la base tecnológica que haría realidad el sueño de una herramienta predictiva capaz de identificar crisis, estallidos violentos y cualquier otro acontecimiento donde la anticipación fuese vital. Todo el mundo entendía las indudables ventajas que, para el ejército de los Estados Unidos, supondría contar con esta ventana abierta al futuro. El Ejército era una de las instituciones que más apostaba por

---

[1] Alexis C. Madrigal. (2017, Octubre 5). The Computer That Predicted the U.S. Would Win the Vietnam War. *The Atlantic*. Recuperado el 17 de Enero de 2024, de https://www.theatlantic.com/technology/archive/2017/10/the-computer-that-predicted-the-us-would-win-the-vietnam-war/542046/

integrar las técnicas prospectivas en el planeamiento de sus capacidades y en el diseño de la fuerza pensando en cómo serían los conflictos del mañana. Ninguna guerra librada por Estados Unidos a lo largo de su historia se asemejaba ni remotamente a aquello para lo cual había preparado sus fuerzas armadas. Cuando el país entró en la Segunda Guerra Mundial, lo tendría que hacer forzado por un ataque sorpresivo japonés. Nadie se imaginó que unos pocos años después tendría que librar otra guerra, esta vez en Corea. Después de este enfrentamiento, el general Omar Bradley prometía a sus compatriotas que nunca se volvería a involucrar en otra operación terrestre en Asia[2], bastó una década para volver a hacerlo con unas consecuencias desastrosas para la moral colectiva. Antes de 2001, nadie en el Pentágono consideraba que existía la más mínima posibilidad de que el país tuviese que desplegar decenas de miles de soldados en un país tan absolutamente alejado de los intereses y prioridades de Estados Unidos como Afganistán, y que, para ello, tendría que transformar de manera radical sus fuerzas armadas para adaptarse a la guerra contrainsurgente, un tipo de misiones por las que sentían un escaso o nulo interés. En un discurso a los cadetes de la prestigiosa academia militar de West Point, el secretario de Defensa Robert Gates, no tenía más remedio que ironizar sobre esta pobre capacidad predictiva: «cuando se trata de predecir la naturaleza y el lugar de nuestros próximos compromisos militares, desde Vietnam, nuestro historial ha sido perfecto. No hemos acertado ni una sola vez»[3].

Hasta los más obstinados detractores de las herramientas predictivas eran conscientes de que no se podían permitir el lujo de renunciar a la posesión de algún método que les permitiese, aunque fuese mínimamente, contar con alguna certeza a la hora de planificar, organizar y anticipar el próximo conflicto. Hasta el momento, el ejército había sido capaz, aunque lentamente, de adaptarse a los nuevos escenarios. Sin embargo, era posible que, en la próxima ocasión, el coste de volver a ser vapuleados por unos acontecimientos sorpresivos fuese inasumible.

La apuesta en esta ocasión sería la de crear un sistema capaz de alimentarse de cantidades masivas de datos. Era el momento de fusionar la disponibilidad y accesibilidad de la información con los sistemas de procesamiento de datos más potentes. Se acabarían las intuiciones, los argumentos intangibles y la ambigüedad a la hora de responder a las preguntas más exigentes. Sólo estimaciones basadas en datos empíricos. El Pentágono debería convertirse en una institución que no tuviese problema en adoptar como lema la popular frase del estadístico W. Edwards Deming: «Confiamos en Dios, para todo lo demás trae datos».

---

[2] Cohen, E. A. (2017). *The Big Stick: The Limits of Soft Power and the Necessity of Military Force*. Basic Books.

[3] Shaughnessy, L. (2011, Febrero 26). Defense secretary warns against fighting more ground wars. *CNN.com*. http://www.cnn.com/2011/US/02/25/gates.west.point/index.html

Para alcanzar esta verdadera revolución analítica la Oficina del Secretario de Defensa proponía estimular al entramado científico y empresarial para que pusieran a sus mejores cerebros a trabajar. Los 90 millones de dólares se repartirían en cincuenta centros de investigación para que cualquier idea prometedora no quedase fuera por falta de financiación. Que la mayoría de ellos fracasase era algo normal, bastaba con que sólo una de las iniciativas presentadas cosechase un mínimo de éxito para producir una verdadera revolución.

Los distintos beneficiados se afanaron durante años en testar sus modelos teóricos de predicción con los datos que generaba diariamente la actualidad política y económica internacional. En un proceso permanente de retroalimentación y mejora, los investigadores afinaban sus presupuestos de partida, los algoritmos, las fuentes de datos y cualquier otro tipo de componente al que atribuían la responsabilidad de generar las estimaciones que diariamente iban registrando estos sistemas.

Los oficiales del Pentágono parecían tener claro cuál sería el equipo que se iba a alzar con la victoria[4]: el Sistema Integrado de Alerta Temprana de Crisis (ICEWS) desarrollado por los Laboratorios de Tecnología Avanzada del gigante armamentístico Lockheed Martin[5]. Paradójicamente, la propuesta de este equipo difícilmente podía etiquetarse de disruptiva. Lo que proponían era integrar en un único sistema tres enfoques distintos que, en el pasado, cosecharon algún tipo de éxito. Agregando sistemas de predicción que individualmente eran sólo capaces de cosechar resultados modestos, esperaban que la suma diese lugar a una tasa de éxito muy superior.

El primer enfoque era el popularizado por un controvertido profesor de Ciencia Política de la Universidad de Nueva York: Bruce Bueno de Mesquita. Este académico había estado refinando durante décadas un método que le animaba a formular cientos de predicciones asombrosamente específicas sobre todo tipo de líderes, contextos geográficos y problemas políticos. Sus detractores (especialmente en el mundo universitario) no dudaban en calificarlo como un mero charlatán que utilizaba la aparente complejidad de la teoría de juegos «para vender matemática vudú»[6]. Sus partidarios, por el contrario, no dudaban en recurrir a su tasa de

---

[4]  Shachtman, N. (2011, Febrero 11). Pentagon's Prediction Software Didn't Spot Egypt Unrest. *Wired*. Recuperado el 17 de Enero, 2024, de https://www.wired.com/2011/02/pentagon-predict-egypt-unrest/

[5]  «Integrated Crisis Early Warning System (ICEWS)». (n.d.). *Lockheed Martin*. Recuperado el 17 de Enero, 2024, de https://www.lockheedmartin.com/en-us/capabilities/research-labs/advanced-technology-labs/icews.html

[6]  Lerner, M. A. M. (2007, Octubre 4). The New Nostradamus. *Good.is*. Recuperado el 17 de Enero, 2024, de https://www.good.is/articles/the-new-nostradamus

acierto, la cual situaban en torno al 90%.[7] Entre sus logros estaba el haber anticipado hechos tan diversos como las sucesiones de poder dentro del establishment
soviético, el descarrilamiento del proceso de paz en Oriente Medio, la adopción del
Tratado de Maastricht en la Unión Europea y decenas de casos donde su método
generalista, aparentemente, era capaz de batir a cualquier especialista. Donde los
mayores expertos erraban una y otra vez, Bueno de Mesquita era capaz de acertar
con meses, incluso años de anticipación. El profesor neoyorkino gozaba de una
atrayente aureola como «nuevo Nostradamus», la cual se traducía en unas cuantio-
sas minutas para cualquiera que quisiera contar con sus servicios de consultoría.
A su despacho no tardarían en peregrinar representantes del Departamento de
Estado, la CIA, y algunas de las principales multinacionales.

Bueno de Mesquita era un entusiasta de la teoría de la elección racional como
marco para analizar cualquier contexto o actor político. El punto de partida era
la descomposición de cualquier problema en un conjunto de suposiciones que
puedan formularse matemáticamente. El secreto consistía en centrarse en los
actores clave y entender cuáles eran sus motivaciones en cada situación. El cruce
de estas termina generando un desenlace que no tiene por qué coincidir con los
intereses de ninguno de los jugadores. Bueno de Mesquita entendía que no tenía
la necesidad de convertirse en un experto de cada uno de los contextos en los que
quisiera aplicar su modelo predictivo, bastaba con consultar a los conocedores de
ese problema, para que ellos identificasen la información básica. Con ese material
podía crear una escala de preferencias y analizar como interactúan entre ellos.
La confianza (o arrogancia según sus detractores) que le otorgaba su modelo
matemático le llevó a lanzar predicciones en un terreno tan resbaladizo como el
de anticipar quien será el sucesor de un dictador. Según este heterodoxo académico, los regímenes personalistas, aunque desde el exterior puedan parecernos
opacos e inescrutables, presentaban una enorme ventaja a la hora de anticipar sus
derroteros: un número reducido de actores a los cuales identificar y convertir en
formulaciones matemáticas.

El sistema de Lockheed Martin decidió adoptar un enfoque similar. Entrevis-
tarían a un amplio número de expertos sobre los más diversos ámbitos hacia los
cuales apuntaba su herramienta. Una vez identificados los jugadores y sus estrategias, el software se encargaría de reproducir su comportamiento a medida que
se iban sucediendo los acontecimientos. Este enfoque micro, se vería enriquecido
con un análisis macro, donde se integrarían datos procedentes de las grandes tendencias sociales, económicas y demográficas que actuaban en una región. Aunque
este tipo de datos no servían para anticipar eventos concretos, ayudaría al sistema

---

[7]   *Idem.*

a refinar sus predicciones. Puede que la edad media de los habitantes de un país, el grado de libertad política o la renta media no fuesen por sí mismos suficientes para anticipar, por ejemplo, la voluntad represora de un dictador, pero, sin duda, era una aportación valiosísima para un sistema automatizado que aspiraba a conocer y controlar todas las variables en juego.

Esta fusión entre lo individual y lo colectivo se vería potenciada por un método clásico en el análisis político internacional: la lectura de la actualidad informativa. Aunque en este caso serían los algoritmos, y no los analistas, los encargados de recopilar y procesar en tiempo real las pistas que sobre los acontecimientos futuros podían extraerse de miles de periódicos y bases de datos. Los resultados serían presentados en un vistoso portal web interactivo y personalizable donde el usuario tendría la posibilidad de interactuar con series temporales, mapas y otras formas de visualizar la información.

Los ingenieros de esta empresa armamentística estaban seguros de que su «sistema global, integrado y automatizado para evaluar y prever las crisis nacionales, subnacionales e internas» tenía una precisión de más de un 80%, lo que permitiría a los líderes militares y políticos «anticipar y responder a los desafíos de estabilidad, asignando los recursos adecuados a los riesgos»[8]. Sin embargo, de poco valía que ICEWS u otras alternativas hubiesen sido capaces de registrar algún éxito alertando tempranamente sobre tumultos violentos en África, de una asonada militar en Asia, o de las protestas por la subida del pan en algún país de América Latina. Lo sustantivo era que el sistema se había convertido en una red que sólo capturaba los peces pequeños, mientras que los del tamaño de una ballena pasaban sin problemas a través de un sistema diseñado, precisamente, para lo contrario: no perderse en el ruido irrelevante y capturar las señales que anticipan cambios profundos.

La comparecencia del responsable de proyectos ante el jefe del Pentágono no fue agradable. Por mucho que pudiese apelar en su defensa a los éxitos parciales del experimento, la magnitud del fracaso en Egipto era tan evidente que las alusiones al proyecto de predicción de riesgos políticos se convirtieron en un tema tabú. Un episodio incómodo que todos los burócratas se esforzaban en ignorar, como si nunca hubiese existido ese periodo de optimismo desaforado donde los líderes del Departamento soñaban con el momento en el que podrían anunciar al presidente Obama que los Estados Unidos contaban con una herramienta infalible para conocer y anticiparse al futuro.

---

[8]  «Integrated Crisis Early Warning System (ICEWS)». (n.d.). *Lockheed Martin*. Recuperado el 17 de Enero, 2024, de https://www.lockheedmartin.com/en-us/capabilities/research-labs/advanced-technology-labs/icews.html

La mal llamada Primavera Árabe demostró ser tan imposible de predecir como el fin de la propia Guerra Fría, y todo ello a pesar de que casi todos los protagonistas llevaban encima un dispositivo móvil que generaban continuamente datos que podían ser analizados, que abundaban los macrodatos y que se disponía de las herramientas informáticas para abarcar toda esa información. Dada la magnitud de los recursos tecnológicos, el fracaso a la hora de pronosticar las revueltas debería haber llamado a la reflexión de una manera más profunda que lo hizo el sorpresivo desplome de la Unión Soviética. Sin embargo, el periodo de abatimiento duro poco, demasiado poco. La predicción del futuro se ha convertido en una especie de sirena cuyo canto termina arrastrando de por vida a aquellos que alguna vez fantasearon con la posibilidad de controlar el destino. La predicción es una promesa de poder, y hay pocas organizaciones en el mundo más enfocadas a la consecución de poder que el Departamento de Defensa de los Estados Unidos. El aparato militar estadounidense volvió a financiar, patrocinar y promover proyectos orientados a la predicción del riesgo político, y lo hizo con la misma falta de humildad que en años anteriores.

A finales de julio de 2021, una década después del fracaso de predicción de las revueltas árabes, el general del Ejército del Aire Glen VanHerck, comandante en jefe de comando para la defensa aeroespacial, convocó a la prensa[9] para informar el éxito cosechado en la tercera tanda del «Global Information Dominance Experiments (GIDE)», una serie de ejercicios de predicción del riesgo político que, según este militar de semblante serio, otorgaba a su país la habilidad de adelantarse «en días» a lo que iba a suceder en el escenario de operaciones. Aunque se mostró parco a la hora de describir la lógica que orientó estos experimentos, sí que quiso trasladar a los asistentes, para no despertar suspicacias, que no se estaban creando nuevas maneras de generar y capturar la información. Según VanHerck «los datos ya existen», son los mismos que ya producen «los satélites, radares, sensores subacuáticos, en internet, en los servicios de inteligencia, etc., lo que están haciendo es hacer que los datos estén disponibles, fusionarlos en la nube y que una inteligencia artificial mire al conjunto para procesarlo en tiempo real y predecir lo que va a pasar para poder tomar decisiones ya (...) Es lo que yo llamo superioridad de decisión»[10], afirmó con contundencia marcial.

---

[9] Departamento de Defensa de los EE. UU. (Fecha no especificada). Comandante de NORTHCOM, Gen. Glen D. VanHerck, realiza rueda de prensa sobre América del Norte. Recuperado de https://www.defense.gov/News/Transcripts/Transcript/Article/2711594/northcom-commander-gen-glen-d-vanherck-conducts-press-briefing-on-north-america/

[10] Díaz, J. (3 de agosto de 2021). El Ejército de EEUU afirma que es capaz de predecir el futuro varios días por adelantado. *El Confidencial*. Recuperado de https://www.elconfidencial.com/tecnologia/novaceno/2021-08-03/pentagono-futuro-inteligencia-artificial_3215539/

En el fondo en esta nueva oleada de optimismo sobre la posibilidad de alcanzar el ansiado sueño de la predicción del futuro anida la misma convicción que empujó los intentos anteriores. Es un problema de procesamiento de la información. El mañana puede ser alcanzado a través de los datos del presente. El desafío reside en la capacidad de abarcar y otorgar sentido a cantidades colosales de información procedente de los lugares más insospechados. Un volumen que no sólo se ha multiplicado exponencialmente, sino que incluso en su versión más reducida, desborda la capacidad de cualquier equipo de analistas.

La Inteligencia Artificial es la tabla de salvación y el fetiche de todos aquellos investigadores que ahora creen poder triunfar en el mismo terreno donde otros han fracasado estrepitosamente. Evidentemente, no es la primera vez que se aplica este enfoque, pero los defensores de esta nueva intentona defienden que los precedentes no invalidan el planteamiento. Los procesos de inteligencia artificial utilizados en el pasado habrían sido básicamente el intento de aplicar algoritmos diseñados por humanos para filtrar y procesar los datos. Aunque estas herramientas informatizadas han permitido abarcar cantidades abrumadoras de información y trabajar sobre ellas a una velocidad inédita, las diferencias con respecto a las aproximaciones más artesanales del pasado han sido escasas, porque existía el mismo problema de fondo: la mente humana. Los algoritmos han sido la creación de un equipo de personas que han trasladado a su arquitectura las mismas limitaciones que ellos mismos presentarían si hubiesen acometido individualmente ese mismo trabajo. La novedad disruptiva se encuentra en el llamado aprendizaje profundo: la máquina se enfrenta a los datos de manera desnuda, sin la contaminación de un programador que es intrínsecamente incapaz de comprender el mundo en el que vive. En esta ocasión el humano se limita a fijar el objetivo, y la IA se encargará por sí misma de programarse, aprender y refinar sus resultados sin apenas supervisión. Este ciclo de aprendizaje perpetuo actuará como motor de estas nuevas herramientas de predicción, extrayendo hasta la última gota de las lecciones aprendidas tras cada error. Lejos de suponer un problema, cada fracaso del sistema supondrá un paso decisivo hacia la ansiada meta final.

Algo más de seis meses después de la rueda de prensa del general VanHerck se produjo la invasión de Ucrania por parte de Rusia. A diferencia de otras crisis internacionales, en esta ocasión la agresión rusa no cogió desprevenida a la Casa Blanca. Durante meses, los portavoces estadounidenses se empeñaron en convencer a la opinión pública internacional que de que, a pesar de lo que estaban afirmando el Kremlin, empeñado en negar ninguna intención hostil a su movilización de tropas en la frontera, el régimen de Vladimir Putin se disponía a invadir a su vecino. Hizo su aparición la llamada «diplomacia del megáfono»: la Administración estadounidense trataba de interrumpir el curso de acción del dictador ruso compartiendo con la opinión pública internacional las conclusiones

y las evidencias recopiladas por sus analistas. Con un grado de precisión desconcertante, los portavoces estadounidenses se atrevieron a facilitar la fecha exacta
en la cual estaba prevista que diese comienzo la agresión militar rusa. Aunque el
inicio de las hostilidades se dilataría unos días más, Estados Unidos estaba en lo
cierto, y el 24 de febrero de 2022, las tropas rusas penetraron en el territorio de
Ucrania con el propósito de tomar su capital y descabezar a su gobierno.

Sin embargo, el convencimiento estadounidense de que Putin invadiría su
vecino, en contradicción con sus propias declaraciones y promesas, no prove-
nía de los resultados arrojados por GIDE o cualquier otro sistema de predicción.
Tras esta pronostico se encontraban un trabajo «tradicional», bastante menos
glamuroso que el de los algoritmos automatizados. Los servicios de inteligencia
estadounidenses tras recopilar imágenes, interceptar comunicaciones entre líderes militares y políticos rusos, la inteligencia obtenida por fuentes humanas y el
*expertise* de los analistas especializados en Rusia, estimaron, con un elevado porcentaje de probabilidad, que el Kremlin se encontraba inmerso en la preparación
de una invasión, aunque intentase enmarañar sus intenciones con todo tipo de
declaraciones tranquilizadoras.

El éxito de los métodos tradicionales no ha alterado lo más mínimo la euforia
actual sobre las promesas de la Inteligencia Artificial. Washington está convencido
de que va a otorgarle una comprensión sin parangón de lo que está pensando sus
adversarios. Ni siquiera los líderes más inescrutables podrán evadir la potencia
de los nuevos modelos generativos. La comunidad de inteligencia podría, por
ejemplo, desarrollar un gran modelo lingüístico que ingiriera todos los escritos y
discursos disponibles de los líderes chinos, así como los informes de inteligencia
estadounidenses sobre estas figuras, y luego emular cómo el presidente chino Xi
Jinping podría decidir ejecutar dicha política[11]. Los analistas podrían plantear al
modelo todo tipo de preguntas específicas, y este les devolvería respuestas omni-
comprensivas, generadas a partir de cantidades de información inabarcables para
ningún intelecto humano. Incluso podrían pedirle al modelo que trazara un mapa
de cómo podría desarrollarse una crisis y cómo las diferentes decisiones influirían
en el resultado. ¿Pero realmente está justificado este entusiasmo?

[11]  Flournoy, M. A. (24 de octubre de 2023). AI Is Already at War: How Artificial Intelligence Will
      Transform the Military. *Foreign Affairs*. Recuperado de https://www.foreignaffairs.com/unit-
      ed-states/ai-already-war-flournoy

# I

# HUMANO, DEMASIADO HUMANO

El psicólogo israelí Daniel Kahneman se convirtió en el año 2002 en el primer no economista en ganar el Premio Nobel de Economía por sus investigaciones sobre las múltiples circunstancias donde los seres humanos difícilmente pueden catalogarse como actores racionales. A lo largo de su carrera se empeñó junto a su colega y amigo Amos Tversky en demostrar que uno de los principales axiomas de la ciencia económica, que los individuos siempre optan por la mejor opción para satisfacer sus intereses, tenía muchos problemas para sostenerse si teníamos en cuenta los innumerables distorsiones intelectuales e incentivos perversos que nublan sus decisiones.

La primera dificultad que nos encontramos a la hora de anticipar el futuro somos nosotros mismos. No gusta percibirnos como seres analíticos capaces de aislar nuestro pensamiento de cualquier influencia que afecte a la calidad de nuestros razonamientos. Pero la realidad es que como máquinas de procesar información y llegar a conclusiones dejamos mucho que desear. Nuestro proceso intelectual está sometido a una cantidad abrumadora de sesgos que terminan contaminando todas nuestras ideas. Es lo que en términos psicológicos se denomina «heurístico», una regla simplificada de razonamiento que tiende a utilizarse de forma automática. El problema no reside únicamente en la existencia de «atajos mentales», sino, sobre todo, en el hecho de que no somos conscientes de su existencia y de que hasta qué punto nos afectan.

Las ciencias del comportamiento no han dejado de identificar nuevos sesgos. Su número y variedad es tan abrumadora que, una vez que se conocen, resulta complicado volver a confiar en la racionalidad humana. Así, por ejemplo, cuando pensamos en la probabilidad de que ocurra un suceso lo hacemos recurriendo de manera inconsciente a nuestros recuerdos sobre acontecimientos similares. Esto nos aboca a un error evidente. Nuestras vivencias no tienen que ser representativas, ni siquiera tienen que ser relevantes para aquello que tratamos de estimar.

Por si fuera poco, tampoco recordamos de manera idéntica todas nuestras experiencias. Hay sucesos que, a pesar de ser infrecuentes, nos dejan una profunda huella, mientras que otros, mucho más habituales, apenas dejan un recuerdo en nuestra memoria. Esto llevó a muchos líderes políticos a rebajar la probabilidad de que el COVID-19 terminase llegando a sus países y a despreciar las posibles consecuencias de este fenómeno[12]. En su bagaje mental no figuraba una epidemia grave, y mucho menos, una que tuviese un carácter planetario. Se nos antoja que el futuro más probable es aquel que reproduce aquello que conocemos del presente. Esto no significa que no seamos capaces situaciones hipotéticas donde han tenido lugar cambios trascendentales, sin embargo, no somos conscientes de hasta qué punto nuestra mente nos empuja a que unos cambios nos parezcan más probables que otros.

## LA TRAMPA DE LA INTELIGENCIA

A la altura de marzo de 2016, Donald Trump estaba a punto de asegurarse la nominación republicana. Los principales medios de comunicación de Estados Unidos empezaron a asumir la posibilidad de que el excéntrico millonario neoyorkino se pudiese convertir en uno de los candidatos a ocupar la Casa Blanca. Algunos periodistas llegaron a la conclusión de que había llegado el momento de tomarlo en serio y dejar de confrontarlo únicamente con preguntas dirigidas a que aclarase la última polémica (creada por él mismo) y empezar a cuestionarle acerca de su posicionamiento sobre temas cruciales. Uno de los asuntos que más intrigaban era el tipo de política exterior que pretendía llevar a cabo si ocupaba el sillón presidencial. Se trataba de un ámbito donde son tan importante las líneas maestras a ejecutar, como la identidad de los expertos que se encargarían de liderar los equipos. Cada vez que un nuevo presidente inicia su mandato se pone en marcha una compleja maquinaria cuyo propósito es reclutar a las personas que se encargaran de ocupar los múltiples puestos de libre elección de la administración federal. Se trata de un proceso complejo que consume una enorme cantidad de tiempo y esfuerzo. A pesar del supuesto glamur del servicio público y la cercanía al poder, la realidad es que los presidentes tienen numerosos problemas para atraer a los «mejores y más brillantes». Los empleos públicos son escasamente competitivos en comparación con el dinero que puede ganar aquellas personas que han triunfado en sus respectivas profesiones. Buena parte de los que terminan aceptando estos

---

[12] De la Corte, L. (2020) ¿Por qué se subestimó al Covid-19? Un análisis preliminar desde la Psicología y la Sociología del Riesgo, *Global Strategy Report* 23/2020. Recuperado de: https://global-strategy.org/por-que-se-subestimo-al-covid-19-un-analisis-preliminar-desde-la-psicologia-y-la-sociologia-del-riesgo/

puestos son personas que asumen temporalmente este encargo por una profunda afinidad ideológica, amistad con el nuevo presidente o por entender que tienen el compromiso moral del servir el país, aunque eso suponga un perjuicio económico o profesional. Por si esto no fuese lo suficientemente disuasorio, algunos de estas posiciones sólo pueden ocuparse después de que el candidato supere un complejo proceso de nominaciones por parte de las cámaras legislativas. Estas comparecencias implican un escrutinio de la vida del interesado en numerosas sesiones públicas que pueden concluir en un rechazo y la correspondiente humillación. Era, por tanto, muy relevante conocer con quienes contaba Trump para sumarse a su equipo e iniciar el proceso de ocupar los miles de vacantes tras su llegada al poder. A la pregunta de quiénes eran los expertos en política exterior a los que estaba consultando para elaborar su programa político, la respuesta de Trump no defraudó: «En primer lugar, hablo conmigo mismo, porque tengo un cerebro muy bueno. Mi principal asesor soy yo mismo, tengo un buen instinto para estas cosas»[13].

Donald Trump no es un buen ejemplo de cómo una inteligencia superior puede terminar cegada por la arrogancia. Antes bien, es el ejemplo canónico de cómo un idiota termina autoconvenciéndose de que es muy superior a cualquier otro humano que haya existido en algún momento de la historia. Sin embargo, esta anécdota es un buen ejemplo de cómo vivimos en un momento de la historia donde buena parte de la población creen ser expertos, cuando en realidad no lo son. No hay charlatán que no se sienta impulsado por el llamado efecto Dunning-Kruger, en honor a los psicólogos que identificaron ese fenómeno que se produce cuando no hay ningún tipo de coherencia entre tu competencia en un tema y el nivel de confianza que demuestras. En otras palabras, cuanto menos hábil eres, más confías en que eres muy bueno en lo que haces. La accesibilidad de las capas más superficiales del conocimiento, aquellas que generan este espejismo de *expertise*, nos lleva «a un colapso alimentado por Wikipedia y Google en la distinción entre profesionales y profanos»[14]. La falta de recursos intelectuales también se traduce en la incapacidad para percibir tus propias limitaciones, y, por tanto, encuentras menos límites para lanzarte a pontificar sobre las soluciones a cualquier problema. Por si esto fuera poco, el efecto contrario se produce en aquellas otras personas que si dominan un determinado tema. Su propia conciencia de lo limitado que resulta su conocimiento los lleva a subestimar su capacidad de poder formular una opinión sólida sobre alguna cuestión con un mínimo de complejidad. Lo habitual es que lo que más saben opten por un prudente silencio.

[13] Collins, E. (2016, Marzo 16). Trump: I consult myself on foreign policy. *POLITICO*. Recuperado de: https://www.politico.com/blogs/2016-gop-primary-live-updates-and-results/2016/03/trump-foreign-policy-adviser-220853

[14] Nichols, T. (2017). How America Lost Faith in Expertise. *Foreign Affairs*, 96.

Parece razonable pensar que todas las personas dotadas de una inteligencia superior y una elevada capacidad de introspección deberían estar protegidas de todos aquellos sesgos que contaminan nuestra capacidad de contemplar y comprender el mundo. Adentrarnos en la inmensidad del conocimiento debería concienciarnos de nuestra pequeñez y convertirnos en perpetuos aprendices. Sin embargo, hasta el sabio más sólido puede terminar comportándose de una manera tan arrogante como el 45.º presidente de los Estados Unidos.

En psicología tiende a considerarse que hay al menos dos sesgos que potencian esta conducta. Por un lado, el sesgo de confirmación: ver lo que esperamos ver, y por otro: el sesgo de deseabilidad: ver lo que queremos ver. Estas limitaciones de nuestro proceso mental no sólo anulan las ventajas de contar con una inteligencia excepcional, sino que, como señala el divulgador científico Adam Grant «pueden retorcer nuestra inteligencia hasta convertirla en un arma contra la verdad.»[15].

Las personas más inteligentes no son más inmunes a los sesgos que el resto de los humanos. Es más, su capacidad intelectual les hace ser víctimas de nuevas distorsiones. Las personas cultas suelen ser menos propensas a aprender de sus errores, o a dejarse aconsejar por otros[16]. Una elevada autoestima (al menos en lo que concierne a su inteligencia) les hace contemplar sus equivocaciones como una excepción que puede ser explicada por múltiples motivos distintos a los del propio error. Las personas más inteligentes tienen más capacidad para elaborar argumentos complejos que justifiquen su razonamiento, lo que les impide poder identificar los fallos de su lógica y hace que sus opiniones sean cada vez más dogmáticas y peligrosas. Seguramente esta era la situación de la que se burlaba el físico Richard Feynman cuando aconsejaba: «No debes engañarte a ti mismo..., y eres la persona a quien resulta más fácil engañar».

La capacidad de enrocarse en los propios errores suele ser más acentuada cuando el individuo se aleja de su territorio habitual. «El momento en que pecamos de un mayor exceso de confianza es cuando dejamos de ser unos completos ignorantes y nos convertimos en simples aficionados»[17]. Saber un poco de algo puede ser mucho más peligroso que ignorarlo todo acerca de alguna cuestión. Empezar a asimilar rápidamente información sobre un tema puede ser embriagador. Esta falsa sensación de maestría nos impide dudar de aquello que acabamos de aprender, la curiosidad por todo aquello que desconocemos queda eclipsada por la engañosa confianza que nos proporciona los conocimientos que acabamos de adquirir.

[15] Grant, A. (2022). *Piénsalo Otra Vez*. Planeta
[16] Robson, D. (2019). *La trampa de la inteligencia*. Ediciones Paidós.
[17] Grant, A. (2022). *Piénsalo Otra Vez*. Planeta

La historia está plagada de ejemplos de personas de indudable inteligencia que cuando se han adentrado en ámbitos distintos a aquellos donde obtuvieron su prestigio intelectual, terminaron desbarrando de manera alarmante. Este es el caso, por ejemplo, de la «enfermedad del Nobel», la cual alude a la desconcertante deriva que experimentan algunos galardonados con este prestigioso premio. Buena parte de sus ganadores, de manera instantánea, se sienten facultados para tener una opinión formada sobre prácticamente cualquier asunto. El reconocimiento planetario supone un chute de autoestima tan poderoso que desestabiliza hasta las mentes más sobrias. Sin embargo, el premio (al menos en sus modalidades científicas) no trata de distinguir a una inteligencia superior, ni siquiera a una trayectoria brillante, sino que suele estar vinculado a una aportación extraordinaria, la cual suele producirse tras muchos años de hiper-especialización en un ámbito muy reducido de una disciplina. No es infrecuente que personas que son verdaderos sabios en su nicho de conocimiento se sientan con la misma autoridad para dictaminar sobre cuestiones que nada tienen que ver con lo que los hizo merecedores del Nobel. El premio sitúa el foco de atención de la prensa de medio mundo sobre las opiniones de unas personas que, tan sólo unas horas antes, tenían serias dificultades para que sus aportaciones trascendieran del ámbito de las publicaciones especializadas.

El psicólogo inglés Hans Eysenck afirmaba que: «los científicos, sobre todo cuando se alejan de su especialidad, son tan vulgares, tercos e irracionales como todo el mundo. Y su extraordinaria inteligencia hace que sus prejuicios sean aún más peligrosos.»[18] Paradójicamente, el propio Eysenck, que en el momento de su muerte a finales de la década de los noventa se había convertido en uno de los psicólogos más influyentes y citados del mundo, tampoco escapó de esta maldición. Algunas de sus investigaciones, en especial, las que se alejaban de sus investigaciones originarias sobre la inteligencia y la personalidad, empezaron a generar cada vez más alarma entre la comunidad científica. Este psicólogo trazó una correlación entre determinados tipos de personalidad y la probabilidad de sufrir enfermedades oncológicas y cardiacas, mientras que, por otro lado, consideraba que otros factores de riesgo como el tabaquismo, eran relativamente inocuos. Tiempo después, dichos estudios fueron sometidos a una profunda revisión donde empezaron a aflorar los errores y la sospecha de manipulación de los datos, así como la falta de imparcialidad por la financiación obtenida por la industria tabaquera. Las distintas publicaciones que habían alojado los resultados del que, hasta ese momento, se consideraba el psicólogo más influyente del planeta empezaron a retractarse

---

[18] *Idem.*

y publicar alertas sobre el carácter «inseguro» de sus resultados[19]. Algunas de sus conclusiones fueron calificadas directamente como «imposibles de creer» como, por ejemplo, su afirmación de que la «biblioterapia», consistente en la lectura casera, podía reducir la mortalidad relacionada con enfermedades humanas en un 50%[20]. Sin embargo, el mayor «punto ciego» en la trayectoria intelectual de Hans Eysenck era su atracción por lo sobrenatural, un ámbito al que le dedicó un libro llamado *Los Misterios de lo Paranormal*[21] con la pretensión de «dignificar» la parapsicología como el estudio científico del misterio sobrenatural.

Hasta las mentes más privilegiadas pueden caer rendidas ante la fascinación por lo irracional. Mi ejemplo favorito es del célebre escritor Arthur Conan Doyle, el cual convertiría a su personaje Sherlock Holmes en el más enérgico defensor del método deductivo y de la superioridad de los datos sobre las emociones. Sin embargo, el más famoso e inteligente detective de todos los tiempos era una flagrante contradicción de algunas de las creencias más arraigadas en la mente de su creador. Conan Doyle era un fervoroso creyente en el espiritismo, una creencia que se acrecentaría a partir de la muerte de su hijo durante la Primera Guerra Mundial. Mientras Holmes demostraba en sus aventuras un frío empirismo que le permitía permanecer inalterable mientras los que le rodeaban caían en las garras de las supersticiones y los rumores: «Una vez descartado lo imposible, lo que queda, por improbable que parezca, debe ser la verdad», su padre intelectual mostraba una asombrosa credulidad. El escritor británico sería la víctima más conocida de la historia de las hadas de Cottingley (Inglaterra), una burda manipulación urdida por un grupo de niñas ociosas. En el verano de 1917 trataron de impresionar al mundo a través de unas fotografías manipuladas, en las cuales se las podía ver jugando en el jardín de sus casas con unas pequeñas hadas aladas. Impresionado por las fotografías, y a pesar de que hasta la prensa sensacionalista mostraba profundas reservas sobre la veracidad de unos seres mitológicos que aparecían peinados al estilo parisino del momento, el escritor inglés llegaría a afirmar: «Mi corazón se alegró cuando recibí las tres maravillosas fotografías. Cuando se acepten nuestras hadas, otros fenómenos psíquicos encontrarán una aceptación más fácil...»[22]

---

[19] O'Grady, C. (2020, julio 15) Misconduct allegations push psychology hero off his pedestal, *Science Insider*. Recuperado de https://www.science.org/content/article/misconduct-allegations-push-psychology-hero-his-pedestal

[20] Marks, D. F. (2019). The Hans Eysenck affair: Time to correct the scientific record. *Journal of Health Psychology*, 24(4):409-420.

[21] Eysenck, H. J., & Sargent, C. (1984). *Los Misterios de lo Paranormal*. Planeta

[22] Nuño, A. (2021, 25 de abril). Las niñas que engañaron a Conan Doyle: la historia de las hadas de Cottingley. *El Confidencial*. Recuperado de https://www.elconfidencial.com/alma-corazon-vida/2021-04-25/conan-doyle-ninas-guerra-historia-hadas-cottingley_3045655/

Existen ejemplos de personas con una inteligencia incuestionable que están dispuestos a asumir como ciertas afirmaciones que no resistirían el más mínimo proceso de verificación. Este es el caso, por ejemplo, del multimillonario emprendedor Elon Musk, un ingeniero de formación que cuenta en su haber la revolución de sectores tan asentados como el del automóvil, los lanzamientos espaciales y la energía. Sin embargo, en sus numeras publicaciones en la red social Twitter y en entrevistas en medios de comunicación ha sido capaz de mostrarse como un convencido creyente en numerosas teorías de la conspiración. Cuando en marzo de 2020 la pandemia ya había mostrado su enorme letalidad tuiteó: «El pánico del coronavirus es idiota», una opinión de la que no se apeó incluso cuando pasados los años existía la suficiente evidencia para conocer la peligrosidad de este virus, los efectos sobre las personas contagiadas y lo que resultaba efectivo para confrontarlo. Siguió afirmado que «el remedio había sido peor que la enfermedad», cuestionando la seguridad de las vacunas, atribuyendo las muertes por coronavirus a las enfermedades preexistentes, a la propia vacuna[23], o incluso al uso de respiradores para tratar a las personas más graves[24]. En estas y otras cuestiones fue capaz de mantener un profundo escepticismo que no tenía su origen en el cuestionamiento de los datos, sino en una meta-explicación que resumió en un enigmático tweet: «Toma la pastilla roja», en alusión a una película de 1999: Matrix, en la que un hacker descubre que ha estado viviendo toda la vida en una simulación hecha por ordenador (un concepto que siempre ha intrigado a Musk)[25]. Al protagonista de esta historia se le da la opción de tomar una pastilla azul, que le permitirá olvidarlo todo y volver placenteramente a su vida, o una pastilla roja, que lo expondrá a la dolorosa verdad de Matrix. La frase «Toma la pastilla roja» sería adoptada por infinidad de grupos conspiracionistas como una especie de grito de guerra para combatir a las élites globales que se afanan en ocultar la verdad a la población y que esta siga sumida en una reconfortante mentira.

Las conspiraciones son una apetecible válvula de escape para personas que se sienten insatisfechas con su propia realidad. Aportan una explicación reconfortante de sus propios fracasos, los cuales dejan de ser culpa tuya y pasan a ser la responsabilidad de una malvada camarilla de poderosos que se esfuerza por

[23]   Faguy, A. (2023, 26 de julio). Elon Musk's Increasing Skepticism Of COVID-19 And Vaccines: A Timeline. *Forbes*. Recuperado de https://www.forbes.com/sites/anafaguy/2023/07/26/elon-musk-s-increasing-skepticism-of-covid-19-and-vaccines-a-timeline/?sh=69fbc8605ad3

[24]   Jorge, J.A. (2023, noviembre 3). Elon Musk asegura que el COVID no dañó los pulmones sino los respiradores. *EDA TV*. Recuperado de https://www.edatv.news/noticias/53136/elon-musk-asegura-que-el-covid-no-dano-los-pulmones-sino-los-respiradores

[25]   Isaacson, W. (2023). *Elon Musk*, Simon & Schuster.

mantenerse en las sombras[26]. Sin embargo, una inteligencia superior y una vida exitosa no sólo no te inmuniza ante el atractivo de las teorías de la conspiración, sino que puede llevar a estas mismas personas a emplear su posición social para dotar de sofisticación a relatos que sólo se sostienen sobre los sesgos de los que los promueven. Las conspiraciones no dejan de ser una cierta forma de narcisismo intelectual, una forma de reivindicar tu propia inteligencia frente a la mediocridad del resto de la sociedad que no es capaz de vislumbrar la verdad que determinadas fuerzas oscuras pretenden ocultar. Denunciar esas verdades «alternativas» proporciona satisfacción personal, al auto-percibirse como alguien a quien no resulta fácil manipular. La militancia conspiranoica se convierte así en una forma sutil de reivindicar su inteligencia superior. Cuando una de estas teorías entra en el cableado mental de una persona, no sólo fija de manera muy estable determinadas creencias que difícilmente se abandonarán, sino que hace esa persona mucho más receptiva a creer en otras conspiraciones distintas, aunque sean aparentemente incompatibles con esa primera concepción.

## ZORROS Y ERIZOS

El psicólogo político Philip Tetlock se planteó cómo podría arrojar luz a una cuestión controvertida: la fiabilidad de los expertos cuando hacen predicciones. Hasta el momento ese tema sólo se había abordado de una forma especulativa y siempre recurriendo a ejemplos anecdóticos. Su aproximación fue distinta: se dedicó a recopilar las predicciones formuladas por aquellas personas que por su experiencia y formación podía esperarse que tuviera un considerable margen de acierto sobre los ámbitos de su dominio. Pero también les cuestionó sobre otros temas sobre los cuales no tenían una particular cercanía. Lo más interesante de su experimento es que a esta muestra de pronosticadores «profesionales» añadió a partes iguales un conjunto de personas que carecían de esas credenciales de experiencia laboral o formación avanzada. A este grupo también les planteó las mismas cuestiones, y se dedicó a registrar de manera sistemática sus aciertos y errores durante los veinte años que duró este ambicioso experimento. ¿Se pondría fin de forma no violenta al apartheid en Sudáfrica? ¿Sería derrocado Gorbachov en un golpe de Estado? ¿Entraría Estados Unidos en guerra en el Golfo Pérsico? ¿Se desintegraría Canadá? Estas y muchas otras cuestiones dieron lugar a un total de 82.361 pronósticos en el momento de finalizar su estudio en 2003[27]. Tetlock

---

[26] Forest, J. (2022) *Digital Influence Mercenaries. Profits and Power Through Information Warfare*, US Naval Institute.

[27] Menand, L. (2005, noviembre 27) Everybody's an Expert. *The New Yorker*. Recuperado de https://www.newyorker.com/magazine/2005/12/05/everybodys-an-expert

no se limitó a verificar cuantos de estos pronósticos acertaban y cuentos erraban, sino que también añadió preguntas destinadas a determinar cómo llegaban a sus juicios, cómo reaccionaban cuando sus predicciones resultaban erróneas, cómo evaluaban la nueva información que no respaldaba sus opiniones y cómo valoraban la probabilidad de que predicciones rivales fuesen las acertadas. Los resultados fueron sorprendentes y, también, polémicos. La primera conclusión fue que los «expertos» eran terribles pronosticadores. No solo fallaban repetidamente en ámbitos que les resultaban ajenos, y en los cuales su cualificación superior no aportaba una ventaja evidente, sino que las tasas de acierto eran igualmente malas a la hora de predecir aquellas realidades sobre las que poseían un conocimiento profundo. Para mayor escarnio, el experimento evidenció que las tasas de acierto de los expertos no eran sensiblemente mejores que las cosechadas por los pronosticadores amateurs.

Saber algo sobre un tema podía convertir a alguien en un buen pronosticador, pero Tetlock descubrió que saber mucho sobre ese mismo tema puede hacer que una persona sea menos fiable. Era un fenómeno que si tuviese que formularse en una ley matemática vendría a decir algo así: el valor predictivo de cada nuevo conocimiento va disminuyendo progresivamente a medida que vamos sumando nuevas unidades. Según este psicólogo, a pesar de encontrarnos en una época de hiper-especialización, no había razones para esperar que las voces más acreditadas, las cuales suelen copar los medios de comunicación y los lugares donde se creaba opinión, fuesen mucho más hábiles a la hora de interpretar situaciones emergentes que los propios lectores o espectadores de esos medios. De hecho, detectó que cuanto más famoso era el pronosticador, más exageradas y erróneas eran sus previsiones. Los medios primaban a aquellos expertos que despreciaban los matices y no tenían problemas en pronunciarse con rotundidad. En el lenguaje televisivo existía poco margen para los circunloquios y las afirmaciones subordinadas, lo que terminaban generando la expulsión de aquellos otras voces menos confiadas en sus propias opiniones. La televisión no es un lugar acogedor para los que dudan. Miguel de Unamuno, autor de la frase «Yo soy mi propia mayoría, y nunca tomo mis decisiones por unanimidad», no hubiese sido un buen tertuliano.

Cuando Tetlock examinó el proceso intelectual detrás de una de las estimaciones, lo que encontró le llevó a agrupar a los voluntarios en dos grupos creados en función de sus estilos cognitivos: «erizos» y «zorros», adoptando así las metáforas animales popularizadas por Isaiah Berlin. En el ensayo donde aparecen por primera vez estas imágenes, este filósofo hace referencia al poeta griego Arquíloco: «El zorro sabe muchas cosas, pero el erizo sabe una gran cosa». El estilo de pensamiento del erizo se caracteriza por la creencia en la verdad de «una gran cosa», en forma de una teoría fundamental que lo unifica todo y puede utilizarse para diseccionar cualquier ámbito de la realidad. Por el contrario, el estilo cognitivo del zorro es la flexibilidad, la necesidad permanente de nutrir de nuevos datos cualquier juicio y una actitud de permanente duda ante la complejidad y singularidad de cada una de las realidades a las que se enfrenta.

Una vez separados los pronosticadores en estos dos grupos, este investigador descubrió nuevas relaciones sorprendentes. Los zorros superaban sistemáticamente a los erizos en la precisión de sus predicciones por un margen significativo. Los zorros no sólo conseguían batir a los erizos dentro de sus áreas de experiencia, sino que también se desempeñaron mejor en las preguntas con las que estaban menos familiarizados. Y lo más desconcertante de todo: los erizos lo hacían peor cuando pronosticaban dentro de sus áreas de especialización. Tetlock atribuyó este hallazgo contraintuitivo a la idea de que «los erizos se meten en agujeros intelectuales. Cuanto más profundo cavan, más difícil es salir y ver lo que ocurre fuera, y más tentador resulta seguir haciendo lo que saben hacer... descubriendo nuevas razones por las que su inclinación inicial, normalmente demasiado optimista o pesimista, era correcta»[28].

## LA SABIDURÍA DE LA MASA

A medida que se ha ido asentando esta convicción de que los humanos dejamos mucho que desear como oráculos, ha ido ganando adhesiones la idea de que hay otra inteligencia mucho más poderosa que se supone está distribuida en el conjunto de la sociedad. Mientras que los individuos son pensadores defectuosos, su pertenencia a un grupo compensa algunos de sus principales limitaciones. Las desviaciones de unos anulan las de otros porque no todos nuestros sesgos apuntan hacia la misma dirección. Nuestro conocimiento siempre es parcial, pero en la sociedad hay una sabiduría latente que no sólo es diferente a la que tienen los individuos aislados, sino superior a cualquier unidad de esa misma comunidad, incluyendo a los más expertos y experimentados observadores.

A partir de esta premisa, se han sucedido toda una serie de experimentos que tratan de externalizar a las masas las tareas analíticas más exigentes. El objetivo no es detectar a los mejores pronosticadores individuales, sino prestar atención a cuáles son los pronósticos que nos lanza ese super-cerebro colectivo. Esta era el objetivo del experimento *The Aggregative Contingent Estimation Program* (ACE), un proyecto financiado por *Intelligence Advanced Research Projects Activity* (IARPA), la agencia pública estadounidense que ha tratado de replicar en el ámbito de los métodos de análisis de inteligencia el éxito que cosechó DARPA (*Defense Advanced*

---

[28] Tetlock, P. (2005) *Expert Political Judgment: How Good Is It? How Can We Know?*, Princeton University Press.

*Research Projects Agency*) a la hora de estimular la innovación en el ámbito de las tecnologías de la seguridad y la defensa.

Lanzada en 2010, ACE se basaba en la idea de que la combinación de previsiones realizadas por un grupo de personas informado y diverso suele producir predicciones más precisas de acontecimientos futuros que las realizadas por un único experto[29]. El programa adoptó la forma de un torneo donde se hacía competir entre sí a cinco equipos de académicos que presentaban diferentes propuestas sobre cómo agregar esa sabiduría distribuida. Cada equipo implementaba su particular solución al problema, aunque todos tenían en común la necesidad de involucrar a miles de voluntarios para que participasen como pronosticadores. Los participantes respondían a unas 100 preguntas al año relacionadas con acontecimientos sociales, económicos y políticos. Cada día, los equipos enviaban sus previsiones a un evaluador independiente, que las puntuaba en función de los resultados reales. Se trataban de cuestiones muy concretas sobre eventos en el corto plazo donde resultaba evidente si el equipo había acertado a no. Sin embargo, la principal competición entre equipos no se daba tanto en el nivel de acierto de cada uno de los individuos reclutados, sino en los continuos ajustes que se iban introduciendo para ponderar el peso de cada uno de los participantes en la decisión final del equipo. Así, por ejemplo, algunos equipos iban informando a sus pronosticadores sobre la desviación media de sus estimaciones. La plataforma informática que se utilizaba para vehicular sus estimaciones les daba pistas sobre su exceso o falta de confianza en serie, permitiéndoles que hicieran las modificaciones necesarias[30]. Los grupos no sólo debían competir entre sí, sino también con un grupo de referencia que, por el contrario, no ponderaba el juicio de sus miembros y simplemente se decantaba por la respuesta que obtenía más apoyo entre sus pronosticadores.

Al cabo de dos años, un equipo de investigación denominado *Good Judgment Project* superó con diferencia al resto de competidores y al grupo de referencia en un 70% más de precisión. Lo más interesante de este proyecto es que planteó algunas conclusiones que enfriaban la idea de que la capacidad de anticipar el futuro estaba latente en la sociedad y sólo había que diseñar un método innovador para capturar esa sabiduría. El elemento individual seguía siendo decisivo. El proyecto se topó con la resistencia natural de los analistas «amateur» a pensar en términos cuantitativos y a proporcionar previsiones numéricas cuya precisión podía puntuarse. Los pronosticadores no eran precisos o ineficaces de manera innata, sino que sus capacidades mejoraban sensiblemente cuando recibían una formación

[29]  CitizenScience.gov. (2014). The Aggregative Contingent Estimation Program. Recuperado de https://www.citizenscience.gov/ace-forecasting/#

[30]  Rawnsley, A. (2011, 11 julio). Spy agency's next top analyst: you. *WIRED*. http://www.wired.com/dangerroom/2011/07/spy-agencys-next-top-analyst-you/

específica que les ayudaba a ser más precisos y menos susceptibles a sesgos o a tomar decisiones equivocadas. Con una única formación online de una hora de duración, la precisión de los participantes mejoraba en un 10%. Sin embargo, la clave seguía residiendo en la capacidad del proyecto ganador de implicar a sus miembros para que mejorasen continuamente sus predicciones. Aunque tenía una composición mayoritaria de titulados universitarios, esto no lo diferenciaba del resto de proyectos en competición. En cambio, todos ellos estaban dispuestos a dedicar cada vez más tiempo al esfuerzo de afinar sus pronósticos, y no lo hacían exclusivamente por los incentivos materiales (lo más exitosos podían obtener un par de cientos de dólares al año en tarjetas de regalo de Amazon), sino por haber introducido en la plataforma elementos de gamificación que proporcionaba a los participantes información continua sobre su precisión, lo que le llevaban a implicarse cada vez más. El proyecto reconocía y recompensaba a los pronosticadores excepcionales como «superpronosticadores». El resultado fue un grupo único de participantes comprometidos y leales, cuya habilidad pronosticadora no existía al comienzo del proyecto.

## LA ESPECIALIZACIÓN ES PARA LOS INSECTOS

Ser un generalista no es una cualidad que se valore especialmente bien. Esto ha sido una constante incluso en épocas pretéritas donde la escasez de los conocimientos existentes justificaba que un estudioso pudiese dominar varias disciplinas muy distintas[31]. Pitágoras fue tachado, por ejemplo, de impostor porque para sus coetáneos resultaba inverosímil que pudiese ser un maestro en ámbitos tan diversos como las matemáticas, la astronomía, la música, la medicina y la filosofía. La otra variante de esta mala prensa es lo que se ha denominado como el «síndrome de Leonardo»: una dispersión de energías que se manifiesta en proyectos fascinantes y brillantes que acaban siendo abandonados o simplemente se dejan sin terminar.

El aumento exponencial del conocimiento humano y la necesidad de una creciente especialización no ha hecho sino acrecentar esta opinión. Sin embargo, el conocimiento se ha articulado en una suerte de «sistema de trincheras paralelas». Cada uno cava más profundo en su foso y rara vez se asoma para ver qué sucede en los agujeros de los demás. El físico y matemático Freeman Dyson decía que la ciencia necesitaba de «sapos enfocados y pájaros visionarios»[32]. Según él, los pájaros vuelan alto y tienen vistas del horizonte, lo que le permiten unificar conceptos y juntar distintos problemas de diferentes lugares. Los sapos viven en

---

[31] Burke, P. (2022) *El polímata*, Alianza.
[32] Citado en: Epstein, D. (2020) *Amplitud (Range). Por qué los generalistas triunfan en un mundo especializado*, Empresa Activa.

el fango y solo ven las flores que crecen cerca. Se deleitan en los detalles y resuelven los problemas uno a uno. En ciencia se necesitan ambos perfiles, el mundo es tanto amplio como profundo, lo que hace necesario que pájaros y sapos trabajando al unísono para explorarlo. Su preocupación era que la ciencia estaba llenándose progresivamente de sapos cada vez más especializados y, por lo tanto, incapaces de ver más allá de los problemas de su propia charca.

El resultado es la acumulación de conocimientos cada vez más detallados sobre parcelas más reducidas de la realidad. Al mismo tiempo somos incapaces de abordar problemas que exigen una perspectiva amplia y la capacidad de combinar el conocimiento generado desde múltiples disciplinas. La existencia de este problema no es ningún secreto, así como la falta de eficacia de las medidas puestas en marcha para tratar de acotar sus efectos. Es habitual, por ejemplo, que en una convocatoria de financiación de proyectos de investigación científica se incluya cláusulas que premian aquellas propuestas capaces de reunir a un equipo multidisciplinar para abordar un problema. Sin embargo, la realidad es que la ficción de dicha integración sólo se mantiene hasta el momento de obtener la concesión, y una vez que se han conseguido los fondos, cada uno de los participantes se dispersa para seguir trabajando en su particular nicho científico, hasta que llegue el momento de presentar resultados, momento en el cual habrá que simular (otra vez) esa integración.

Los distintos estudios sobre cómo aparecen las ideas realmente innovadoras nos señalan a un perfil muy específico de personas: aquellas que, en lugar de concentrarse obsesivamente en un pequeño tema, tienen intereses muy diversos. Esa amplitud, a menudo, inspira ideas que no pueden atribuirse al dominio específico de su tema[33]. Carmen Medina, que se jubiló tras treinta y dos años en la CIA como directora del Centro para el Estudio de la Inteligencia, donde dirigió un programa de lecciones aprendidas, llegó a reconocer que «en el debate entre generalistas contra expertos, yo favorecía a los generalistas porque creía que eran los mejores. Los mejores analistas tienen una enorme curiosidad por el mundo, aquellos que son verdaderamente curiosos no pasan diez o quince años convirtiéndose en expertos en algo»[34].

El divulgador científico Steven Johnson escribió un libro[35] fascinante sobre los entornos que hacen posibles la innovación, o, dicho de otra manera, cómo aparecen las buenas ideas. Una de sus principales conclusiones es su afirmación de que existen ambientes que aplastan las nuevas ideas, mientras que hay otros en las que

[33]  Epstein, D. (2020) *Amplitud (Range). Por qué los generalistas triunfan en un mundo especializado*, Empresa Activa.

[34]  Zenko, M. (2015) *Red Team: how to succeed by thinking like the enemy*. Basic Books.

[35]  Johnson, S. (2011). *Las buenas ideas: Una historia natural de la innovación*. Turner Publicaciones

florecen sin esfuerzo. El principal facilitador de la innovación es la conexión entre lo que ya existe, cuya interacción da lugar a nuevas variantes disruptivas. Por esta razón encontraba que la vida en las ciudades había sido, por ejemplo, un enorme potenciador de esta conexión entre ideas, las cuales aisladas en entornos con una baja probabilidad de interactuar con otros portadores de ideas hubiesen quedado posiblemente incapacitadas para fecundar nuevas soluciones. Los entornos que construyen muros alrededor de las buenas ideas tienden a ser menos innovadores que los que las dejan a su aire. Las ideas necesitan conectarse, vincularse, recombinarse, reinventarse a sí mismas y cruzar las barreras conceptuales.

Una de las aportaciones más interesantes de su obra *Las buenas ideas* es precisamente la forma en la que demuestra que estas no aparecen de la nada, sino que se construyen sobre una serie de elementos ya existentes, cuya composición se expande (o, en ocasiones, se contrae) a lo largo del tiempo. Algunos de esos elementos son conceptuales, como determinadas formas de resolver los problemas. Otros son elementos mecánicos que hacen posibles cauces de acción que eran inviables antes de su existencia. Tendemos a pensar que las ideas rompedoras son aceleraciones súbitas de una línea temporal que iba encaminada hacia ese mismo destino, donde un genio consigue saltarse de golpe cincuenta años e inventa algo a lo que las mentes normales, atrapadas en el momento presente, no hubieran podido llegar. Pero lo cierto es que los adelantos técnicos y científicos muy pocas veces rompen con lo que se ha denominado «posible adyacente». Todas las ideas se encuentran rodeadas de un elemento o acción que está en proximidad o conexión directa con otro, y que se considera una opción viable o disponible en ese preciso contexto. Una puerta lleva a otra puerta, y, por tanto, la exploración intelectual se lleva a cabo a través de las conexiones que son viables en cada momento. Eso no impide que haya personas que plantean ideas que implican saltarse unas cuantas estancias, o dar varias zancadas exploratorias por lo posible adyacente. Esas «ideas que se adelantan a su tiempo» suelen acabar en fracaso precisamente porque no existen los elementos necesarios para que puedan materializarse. Así, por ejemplo, si los creadores de YouTube hubiesen planteado su propuesta diez años antes, en 1995, habrían fracasado espectacularmente, porque un sitio para compartir vídeos no estaba dentro de lo posible adyacente. No sólo no existía una masa crítica suficiente de internautas que pudiesen utilizar ese servicio, sino que las capacidades de transmisión de datos en esa fecha hacían imposible la transferencia de archivos pesados, como los propios de un video, para los cuales aún no existía un estándar universal.

La mayor parte de las buenas ideas se formulan originalmente de manera parcial o incompleta. Poseen el germen de algo importante, pero les falta algo para transformar una corazonada en algo verdaderamente potente. Y ese elemento que falta suele encontrarse en otra parte, alojado en la mente de otra persona en forma de otra corazonada.

A la hora de abordar algunos de los problemas más enrevesados es de ayuda la recomendación que formula el sociólogo Mauro F. Guillén[36]: abordar los problemas lateralmente. «En esencia, significa replantear las preguntas y atacar los problemas desde los flancos». En ocasiones, es necesario apartarse del paradigma predominante para que la creatividad pueda moverse con total libertad. Este autor utiliza un ejemplo sorprendente de cómo varios economistas encontraron una improbable conexión entre la natalidad y los ahorros. Mientras aún estaba vigente, la política del hijo único en China creó un profundo desequilibrio entre ambos géneros, con un 20 por ciento más de hombres jóvenes que de mujeres. Existía una clara preferencia cultural por los hijos varones, que son percibidos como una garantía de apoyo familiar cuando los padres ya no puedan trabajar, mientras que, por el contrario, ven a las hijas como poco menos que un gasto improductivo, ya que cuando acceden al matrimonio dejan de ser «propiedad» de los padres para convertirse en patrimonio de la unidad familiar de su marido. Así que los progenitores decidieron tomar cartas en el asunto debido a la fuerte competencia en el mercado matrimonial. Los hogares con varones que no se resignaban a que sus hijos engrosasen la lista de esos millones de solteros que viven en soledad por la imposibilidad de encontrar una pareja femenina, decidieron incrementar su porcentaje de ahorro, con la esperanza de mejorar las posibilidades de que su hijo encontrase una esposa. En el otro extremo, las mujeres hacían valer su escasez y mostraban una clara preferencias por aquellos pretendientes que acompañaban sus atributos personales como una abultada «dote». Curiosamente, en otros países, el desequilibrio entre géneros va en la dirección opuesta. En Rusia, hay un déficit de hombres jóvenes porque muchos mueren de forma prematura, la mayoría por culpa del alcohol (y de manera más reciente por la guerra en Ucrania). El problema es tan grave que, en algunas partes de Siberia, la escasez de hombres en edad de contraer matrimonio ha llevado a las mujeres a presionar al gobierno para que legalice la poligamia como una posible estrategia para obtener el apoyo físico y económico de un hombre, aunque sea en condiciones de uso compartido con otras mujeres que también desean otorgar legitimidad para sus hijos y la posibilidad de acceder a subsidios estatales.

El ejemplo que cita Mauro Guillen no sólo es ilustrativo por esa extraña relación que se produce entre variables a priori tan alejadas, sino también porque dibuja otra relación aún más sorprendente: cómo el acceso al crédito barato por parte de los estadounidenses estuvo alimentado por la necesidad de invertir en el extranjero todos esos excedentes de ahorro generados por la restrictiva política natal de China.

[36] Guillén, M. F. (2020). *2030: Viajando hacia el fin del mundo tal y como lo conocemos*. Barcelona: Ediciones Deusto

## LAS MODERNAS CASANDRAS

La refutación que llevó a cabo Philip Terlock sobre la capacidad predictiva de los expertos no invalidó el hecho de que estadísticamente siguiese existiendo un reducido grupo de personas que muestran una sorprendente capacidad para atisbar el futuro. Son lo que este psicólogo denominó «superpronosticadores», a los cuales dedicó una particular atención para tratar de desentrañar cuales son las claves que les permiten acertar de manera recurrente allí donde los especialistas no son capaces de ir mucho más allá de lo que conseguiría cualquier lector habitual de periódicos.

Sin embargo, no todas las predicciones son iguales. Las hay que dibujan escenarios catastróficos, desenlaces dramáticos que moldean futuros que desearíamos que jamás tuvieran lugar, y hay un tipo de particular de pronosticadores que alertan sistemáticamente sobre la llegada de esos apocalipsis: son los que Richard Clarke denominó «casandras». Estos sujetos no solo se caracterizan por predecir (con acierto) una fatalidad, sino también por ser sistemáticamente ignorados como meros pájaros de mal agüero que se obsesionan con calamidades que sólo tienen lugar en sus mentes obsesivas. Clarke toma ese préstamo de la mitología griega para enfatizar el principal rasgo de estos pronosticadores: la incapacidad de que sus avisos sean tenidos en cuenta. En efecto, sus voces apenas consiguen ser percibidas entre el estruendo que les rodea, incluyendo el que crean aquellos falsos profetas que también alertan sobre otras tragedias. Sin embargo, en palabras de Clarke: «La gente muere porque fallamos a la hora de distinguir a un profeta de un charlatán»[37].

El interés (y probable obsesión) del norteamericano Richard Clarke por esta figura tal vez tenga que ver con el hecho de que en su fuero interno también se considera una casandra. Este funcionario estadounidense terminaría adquiriendo notoriedad inmediatamente después de los atentados del 11 de septiembre de 2001. Una vez que quedó en evidencia como el ataque protagonizado por los miembros de al-Qaeda, lejos de ser un suceso sorpresivo, fue alertado una y otra vez por los distintos especialistas que monitorizaban la organización de Osama Bin Laden. Entre ellos destacaba el propio Clarke, el cual desde su posición como Coordinador Nacional de Seguridad y Contra-Terrorismo de la Casa Blanca se había empeñado, de manera infructuosa, en capturar la atención de los diferentes presidentes de Estados Unidos a los que servía. Ninguno de ellos había llegado a la conclusión de que era urgente responder con contundencia a la creciente amenaza que representaba el terrorista saudí y su grupo. Los decisores políticos y las

---

[37] Clarke, R. A., & Eddy, R. P. (2017). *Warnings: Finding Cassandras to Stop Catastrophes*. Harper-Collins.

élites del entramado de seguridad del país nunca se tomaron muy en serio los problemas que podría generar al que consideraban un excéntrico millonario que jugaba a la guerra santa. Para frustración de este asesor, sus jefes consideraban que Estados Unidos tenía problemas muchos más graves a los que hacer frente lo que se tradujo en una sucesión de oportunidades perdidas para haber capturado o acabado con Osama Bin Laden en los años previos al atentado que terminaría cambiando la historia[38].

La figura trágica de Clarke evoca esa máxima del filósofo griego Herodoto: «De todas las miserias del hombre la más amarga es conocer demasiadas cosas y no tener control sobre ninguna de ellas». Terminaría abandonando el servicio público con la frustración de no haber podido evitar la fatalidad, pero también con la inquietud de pensar que tal vez existían otras casandras a las que estábamos ignorando. En su libro *Warnings* se dedicó a reflexionar sobre la figura de estos profetas del desastre. Su propósito era que la sociedad supiese identificar a aquellas voces que alertan del peligro y evitar así la maldición que se cierne sobre los que no son capaces de tomar en serio estas voces.

Las casandras comparten una serie de características comunes. En primer lugar, son verdaderos expertos. A pesar de la mitología que rodea a algunos visionarios e innovadores, los cuales adornan sus trayectorias con un abandono voluntario de la educación formal, a la que desprecian como una mera distracción de su misión trascendental; la realidad es que suelen ser expertos competentes, cuya formación y experiencia les permiten discriminar la información relevante de aquella que no lo es.

No suelen tener una personalidad fácil. La frustración que les provoca ver de manera nítida una amenaza allí donde el resto de la sociedad no ve nada, su sentido personal de la responsabilidad, y tal vez, la ansiedad que les produce la fatalidad que se avecina, los convierte en personas obsesivas. Es posible que no sólo estén perturbados por el mensaje que portan y la falta de receptividad de la sociedad, sino también por unas cualidades innatas que no les convierten en los sujetos con las mejores habilidades sociales. Visionarios inadaptados, condescendientes, abrasivos con su único tema, despistados y torpes socialmente, constituyen el perfil ideal para que su audiencia confunda el mensaje con el mensajero.

Aunque la intuición es un elemento clave en sus pronósticos, lo que les convierten en casandras es su particular interpretación de las evidencias. Sus conclusiones están basadas en pruebas empíricas que no suelen estar contestadas por la comunidad de expertos. Lo que les aleja del consenso es su particular lectura de la realidad, su capacidad para encontrar patrones inéditos dentro del caos que

---

[38]   Clarke, R.A. (2004) *Contra todos los enemigos*, Taurus.

envuelve a los datos. Esta habilidad suele explicarse por tratarse de pensadores multidisciplinares, dispuestos a adoptar perspectivas procedentes de otros campos. Sus enfoques son rompedores lo que, en ocasiones, provoca el rechazo de sus iguales. Sin embargo, no suelen ser personas que se desaniman cuando sufren la incomprensión. Su acusado sentido de la responsabilidad personal los lleva a seguir dando la señal de alarma, aunque para ello tengan que emplear canales de comunicación con los que no suelen estar familiarizados y que, en ocasiones, se vuelven en contra de su propia credibilidad. Nada ejemplifica mejor esta dinámica que esa popular escena de la película satírica *No mires arriba*, donde los dos astrónomos que interpretan Leonardo DiCaprio y Jennifer Lawrence, tras intentar, sin éxito, concienciar a la presidenta de los Estados Unidos sobre la amenaza existencial que supone el meteorito que se aproxima a la Tierra, deciden filtrarlo a la prensa para que la población reaccione ante la inminente extinción. Tras ser invitados a una tertulia televisiva donde la noticia del «descubrimiento» se incluye como un tema de entretenimiento más, los presentadores no dejan de hacer bromas sobre el objeto que se acerca al planeta, incluso uno de ellos sugiere si este puede ser desviado para que se estrellase en la casa de su exmujer. La científica interpretada por Lawrence no termina de creer lo que está pasando: «¿acaso no hemos hablado claro?, intentamos decirles que el planeta entero será destruido». Los presentadores le explican que ese es el tono habitual del programa «intentamos suavizar las malas noticias», Lawrence responde de manera angustiada «la destrucción total y absoluta del planeta no debería ser algo divertido» y termina marchándose del plato tras gritar a cámara «¡estamos cien por cien seguros de que vamos a morir, joder!». La astrónoma se convierte en objeto de memes y todo tipo de bromas, la científica loca que protagoniza una de esas escenas bizarras de la televisión en directo.

El desafío que plantean los eventos pronosticados por las «casandras» no se agota en la dificulta de identificar a las voces cualificadas en medio del ruido ensordecedor de una sociedad que produce más información de la que es capaz de digerir. Aunque fuésemos capaz de desarrollar un sistema infalible para detectar estas señales de alarma ocultas entre los cientos de millones de publicaciones en redes sociales, blogs, foros, artículos científicos e informes gubernamentales, tendríamos por delante dos pasos igualmente desafiantes: que la sociedad les crea y esté dispuesta a reaccionar en consonancia. Si cada uno de estos pasos resulta complicado, recorrer la secuencia completa se convierte en un desafío hercúleo.

La reticencia frente a los profetas de la catástrofe no sólo proviene de aquel sector de la sociedad que es incapaz de entender y procesar la complejidad de los razonamientos que, en ocasiones, fundamenta esas señales de alarma. Algunos de los más pertinaces críticos de estos avisos son los propios miembros de la comunidad científica, los cuales pueden enrocarse en una exigencia de una mayor carga probatoria, a pesar de que dichos estándares son imposibles de alcanzar si se desea actuar a tiempo. Los científicos también se ven afectados por las mismas debilidades humanas que nos mueven a todos hacia las conductas menos ejemplares. Las nuevas investigaciones pueden desbancar algo que ellos mismos habían desarrollado o defendido anteriormente, lo que los lleva a revolverse de manera instintiva contra cualquier aportación que haga tambalear su posición personal o profesional. Que se sientan movidos por motivos inconfesables no implica que sus críticas sean endebles o fácilmente refutables. Como hemos visto anteriormente, las personas más formadas son los más dotadas intelectualmente para recubrir con una pátina de sofisticación a sus propios sesgos, lo que dificulta que se pueda producir un debate honesto.

## METÁFORAS ANIMALES

Los problemas para atisbar el futuro no proceden únicamente de los fallos de imaginación que nos impide concebir incluso la posibilidad de que determinados escenarios puedan llegar a existir. Hay otros errores de estimación que resultan más hirientes porque el problema no reside en una mente poco predispuesta a adentrarse en lo inconcebible, sino en la resistencia a ver lo que resulta evidente. Ante nuestros ojos en ocasiones se despliegan problemas que tienen una elevadísima probabilidad de generar un impacto inmenso. La magnitud de estas amenazas debería producir una reacción inmediata. Sin embargo, puede generarse un efecto desconcertante en sus destinatarios: quedarse petrificados.

La literatura sobre análisis de inteligencia está repleta de metáforas que pretenden hacer más atractivas y comprensibles determinadas ideas. Entre las más habituales están las que proceden del reino animal[39]. Así, por ejemplo, se denomina «medusas negras» a problemas que aparentemente creemos conocer y comprender, no obstante, resultan ser más complejos e inciertos, a veces con una larga cola que culmina con una desagradable sorpresa en forma de aguijón. Los «elefantes negros» son un cruce entre el famoso «cisne negro» y «el elefante en la habitación», son retos visibles para todos, pero que nadie quiere afrontar. Son, en efecto, puntos ciegos, donde debido a poderosas fuerzas institucionales, la miopía, la incapacidad o la falta de voluntad para leer las señales, evitamos con un elevado coste aquello que no queremos afrontar.

De entre todas las alternativas conceptuales prefiero la bautizada como «rinoceronte gris», refiriéndose a ese tipo de problemas que se dirigen hacia nosotros, con la misma determinación agresiva de un paquidermo, pero que lejos de des-

---

[39] Ministry of Defence. (2022, 1 abril). *Global Strategic Trends – The future starts today*. GOV.UK. https://www.gov.uk/government/publications/global-strategic-trends

pertar la reacción que merece una amenaza tan obvia, apenas nos inmutamos, tal vez, bajo la engañosa expectativa de que el animal cambie (por alguna razón desconocida) su rumbo de colisión. Las amenazas raramente hacen su aparición de la nada. Antes de desplegar toda su peligrosidad, estos problemas vienen precedidos de toda una serie de alertas. En ocasiones, estas señales son tan débiles o ambiguas que suelen pasar desapercibidas antes de que la amenaza haga eclosión, sin embargo, no es el caso de los problemas que podríamos catalogar de rinoceronte gris.

La autora de esta metáfora decidió teñir a su animal de gris, en un claro guiño al color del animal metafórico más famoso del mundo: el cisne negro[40]. Su autor, Nassim Nicolas Taleb utilizaba ese color para aludir a la excepcionalidad de esos sucesos que son altamente improbables, pero tienen un enorme impacto. Su imprevisibilidad convierte el intento de anticiparlos en algo estéril. De ahí que Michele Wucker decidiese aclarar el color de su paquidermo para dejar claro que el verdadero desafío no es que seamos incapaces de anticiparlos, sino todo lo contario, fallamos miserablemente a la hora de reaccionar ante lo obvio[41].

No parece que permanecer inmóvil sea la mejor opción, sin embargo, esto es lo que sucede habitualmente ante desafíos que exigen una reacción que desborda el margen de maniobra de quien debe tomar una decisión. Las señales son evidentes y fácilmente detectables, sin embargo, se opta por ignorar estos avisos o se resta importancia a nuestra indolencia. Pensemos, por ejemplo, como el descenso continuado de la natalidad en Europa ha convertido en una imposibilidad matemática los sistemas de pensiones públicas. No es necesario hacer complejos cálculos para entender que un sistema sustentando en la transferencia directa de rentas desde los que trabajan en el presente hacia los pensionistas, necesita de una base de contribuyentes mucho más amplia que el tamaño de los que reciben ese dinero. Lo que constituye una aportación razonable (cuando, por ejemplo, una decena de trabajadores contribuyen con sus cotizaciones a financiar la nómina de un pensionista), se convierte en un esfuerzo insostenible cuando el número de cotizantes se acerca cada vez más (o incluso es menor) al número de personas que reciben esas transferencias. Sin embargo, la evidencia de que el desplome de la natalidad provocaría inevitablemente la implosión de los sistemas de pensiones de reparto no ha provocado ninguna respuesta acorde con la magnitud del problema. Por el contrario, todas las reformas que se han aplicado durante el periodo en el

---

[40] Taleb, N. N. (2008). *El cisne Negro: El impacto de lo altamente improbable*. Grupo Planeta
[41] Wucker, M. (2016). *The Gray Rhino: How to Recognize and Act on the Obvious Dangers We Ignore*. Macmillan.

que todavía existía un margen de maniobra se han limitado a introducir algo más de tiempo en esa cuenta atrás hacia la insostenibilidad.

Hay otra característica que hace a este paquidermo de tonos oscuros un animal más desconcertante, el hecho de que no siempre se manifiesta como un peligro, sino que, en ocasiones, puede mostrarse de una manera neutra, lo que hace que se caracterice como una amenaza o como oportunidad dependiendo de la perspectiva de quien lo contempla. El despliegue de internet, por ejemplo, supuso una verdadera convulsión para determinados sectores económicos como los medios de comunicación o la industria discográfica. Sin embargo, no todos los actores interpretaron en el mismo sentido ese rinoceronte que se dirigía hacia unas industrias que vivían cómodamente instaladas en un mercado que conocían bien y que, hasta el momento, habían conseguido dominar. El rinoceronte digital se llevó por delante a verdaderos colosos empresariales que se resistían a aceptar que esta nueva tecnología pudiese poner patas arribas un modelo de negocio tan sólido. Pero también terminó aplastando a las empresas que fueron conscientes de la magnitud de lo que se avecinaba, pero les faltó habilidad o cintura para subirse a la ola de cambio.

Que nuestra primera reacción ante una realidad perturbadora sea la de enrocarnos en un estado de negación es una actitud profundamente humana. Resulta fácil comprender cual es la lógica emocional que nos lleva a protegernos negando, aunque sea fugazmente, una verdad dolorosa. Sin embargo, cuando aludimos a un rinoceronte gris, no estamos haciendo referencia a los mecanismos psicológicos que los individuos despliegan para afrontar el duelo. Es una situación de fracaso colectivo donde entran en juego otros factores que nos impiden reaccionar como grupo ante el peligro.

La historia humana está trufada de eventos catastróficos que han tenido un impacto determinante en la evolución de nuestra especie. Sin embargo, en el presente asistimos a una paradoja relacionada con el número de posibles catástrofes que nos amenazan. No hay duda de que el número de riesgos de este tipo se ha multiplicado debido a la contribución del hombre: armas destrucción masiva, ingeniería genética, nanotecnología o inteligencia artificial entre otros. Como señaló el historiador Arnold Toynbee «Las perspectivas de supervivencia de la raza humana eran considerablemente mejores cuando estábamos indefensos ante los tigres que hoy, cuando nos hemos vuelto indefensos contra nosotros mismos». No obstante, el problema de los cataclismos ha adquirido una nueva dimensión precisamente porque el número de riesgos catastróficos sobre las que no se puede hacer nada se ha reducido[42]. El filósofo Toby Ord bautizó el momento presente

---

[42] Posner. R. «Thinking about Catastrophe», en Fukuyama, F. (2007). *Blindside: How to Anticipate Forcing Events and Wild Cards in Global Politics*. Brookings Institution Press.

como «el precipicio». Un periodo vertiginoso de la historia humana, donde en muy poco tiempo hemos acumulado un nivel de riesgo insostenible, lo que hace improbable que la raza humana pueda prevalecer un par de siglos más. Hasta hace poco, por ejemplo, no había motivos para preocuparse por el impacto de un asteroide, no porque fuese un evento imposible, sino porque no se podía hacer nada para evitarlo, y poco o nada se podía hacer para mitigar sus efectos. El avance tecnológico ha creado nuevas vulnerabilidades, pero también la posibilidad de actuar sobre eventos que hasta hace poco tiempo contemplábamos como fatalidades que escapan de nuestro control. Tenemos mucho de lo que preocuparnos, porque existe la posibilidad real de poder actuar sobre estos apocalipsis en ciernes, pero no tenemos tan claro cómo hacerlo. La imaginación es un recurso muy escaso, y también imperfecto, porque pensar en cosas que no han sucedido es intrínsecamente más difícil que pensar en cosas que sí lo han hecho. La imaginación humana se ve rápidamente desbordada porque, aunque sólo ha sucedido un número finito de casos, el abanico de posibilidades es literalmente infinito. Por tanto, cuanto mayor sea el número de posibles catástrofes evitables, más hay que pensar. La sobrecarga cognitiva nos lleva al agotamiento y a la incapacidad para imaginar nuevas soluciones a problemas acuciantes.

Ya en 1971, el científico social Herbert Simon observó: «En un mundo rico en información, la riqueza de información significa escasez de otra cosa: escasez de lo que la información consume[43]» y lo que consume es bastante obvio: la atención de sus destinatarios. Por tanto, en un mundo de abundancia, la única escasez es la atención humana[44]. La mente tiene grandes dificultades para pensar en términos probabilísticos. No solo hay que pensar en demasiadas cosas a la vez, sino también hacerlo sobre cosas que tiene una probabilidad baja o desconocida. Los cerebros humanos no evolucionaron para hacer frente a este tipo de eventos, porque en el entorno ancestral (como lo denominan los biólogos evolutivos), cuando los cerebros humanos asumieron aproximadamente su estructura actual, no había conciencia sobre la existencia de acontecimientos probabilísticos sobre los que se podía hacer muy poco o nada. Hace más de un siglo, el economista y sociólogo Thorstein Veblen ilustró cómo nuestras ocupaciones cotidianas moldean y estrechan nuestras mentes: lo que hombres pueden hacer fácilmente es lo que hacen habitualmente, y esto decide lo que pueden pensar y saber con facilidad. Pensar en lo improbable no es una de nuestras fortalezas.

---

[43] 'Designing Organizations for an Information-Rich World' in Martin Greenberger (ed.) *Computers, Communications, and the Public Interest* (1971)

[44] Kelly, K. (2016). *The inevitable: Understanding the 12 Technological Forces that Will Shape Our Future*. Penguin.

## CUANDO TE PERSIGUE UN TIGRE

El componente más atávico de nuestro cerebro nos dice que no hay que prestar atención a aquello que nunca ha sucedido, pero también que ignoremos aquello que, habiendo ocurrido, no ha dejado apenas huella en la memoria colectiva. Si lanzamos a nuestro alrededor la pregunta sobre cuál ha sido el evento más mortífero del siglo XX, hay una alta probabilidad de que nos respondan que fue alguna de las dos guerras mundiales que tuvieron lugar en la primera mitad del siglo. Sin embargo, es poco probable que alguno de nuestros encuestados haga referencia a la pandemia de gripe (la mal llamada «gripe española») que asoló el planeta entre 1918 y 1919, y que tras afectar a un tercio de la población mundial dejó tras de sí al menos 50 millones de muertos.

Tenemos una tendencia innata a no tomar demasiado en serio una amenaza de dudosa concreción, sobre todo si debe competir con la presión que ejercen los problemas y necesidades del presente. Sin embargo, cuando subestimamos la importancia y urgencia de lo que carece de precedentes, ignoramos el hecho de que la historia está plagada de ejemplos de eventos que sucedieron por primera vez, y terminarían estableciendo una pauta.

Incluso cuando existen pocas dudas sobre la existencia de una amenaza, el tiempo en el cual se concretará suele ser un asunto confuso, lo que termina desactivando una posible reacción, sobre todo si el peligro se atisba en un horizonte muy lejano. De entre las múltiples formas de equivocarse, también está la de tener razón antes de tiempo. Siempre habrá una urgencia que consumirá los recursos disponibles, y siempre habrá alguien que se autoengañará esperando un momento de calma donde, esta vez sí, podremos encargarnos de esos problemas hipotéticos. Una de las facetas más dramáticas de los rinocerontes grises, a los que hemos referencia anteriormente, es que las sociedades y sus élites solo se muestran determinadas a pasar a la acción cuando ya es demasiado tarde. Por si esto fuese poco, nuestra estimación sobre la probabilidad de que ocurra algo afecta a la probabilidad de que efectivamente suceda. Las predicciones pueden autocumplirse, pero también autodestruirse. El número de personas que asume como una certeza determinados desenlaces influye en ese curso de acción. La estimación que lleva a cabo un analista de bolsa que cree que el mercado va a subir puede ser suficiente para que efectivamente se produzca ese movimiento si dicho pronóstico es popularizado y se acepta por una mayoría de inversores, los cuales empujan el crecimiento del valor de las acciones con sus respectivas órdenes de compra. Ese mismo profesional de la bolsa podría, igualmente, recomendar la compra de las acciones de una empresa porque considera que su precio es un «chollo», y eso arruinaría esa oportunidad de inversión, ya que basta con que algunos inversores siguen esa directriz y compitan entre ellos por adquirir algo que, en poco tiempo, deja de tener un precio atractivo. Esta es la razón por la cual muchas predicciones son precisas en la cuestión del «si», pero no en la del «cuándo», el cual depende en buena medida de la recepción por parte de la sociedad de esa misma predicción.

Algunos desenlaces catastróficos, cuando se predicen por primera vez, requieren de un descubrimiento intelectual que desafía el consenso científico dentro de una disciplina. La mayoría de los expertos relevantes pueden no estar inicialmente de acuerdo con este nuevo enfoque o con el peso de determinados indicadores. Es normal y deseable que se produzca un intercambio de argumentos, el cual constituye la base sobre el cual se asienta el progreso del conocimiento científico. Sin embargo, los decisores políticos pueden justificar su inacción amparándose en el engañoso consuelo de una falta de consenso, o con el hecho de que la voz discordante que alerta del peligro ocupe inicialmente una posición marginal dentro de una comunidad de conocimiento.

Los fenómenos demasiado grandes pueden tener dos efectos negativos en los decisores políticos. Primero, la magnitud del problema a veces abruma y genera ese «efecto avestruz» que lleva directamente a ignorar un riesgo que se nos antoja inabordable. En segundo lugar, es posible que la persona que toma las decisiones sea incapaz de empatizar con la dimensión humana asociada a ese riesgo, lo que provoca una respuesta igualmente inadecuada. Las emociones humanas tienen lugar dentro de un cerebro que tiene dificultades para reaccionar de manera análoga a los impulsos que recibe. El cerebro no puede liberar suficientes neurotransmisores para sentir una emoción 1000 veces más fuerte que el dolor que sientes por la muerte de una persona cercana. Un riesgo prospectivo que pasa de 10 a 100 millones de muertes no implica que nuestra determinación para responder se multiplique por 10. Esta realidad se plasma en una de más célebres citas del mayor asesino de la historia contemporánea, Josef Stalin: «La muerte de un hombre es una tragedia. La muerte de millones es una estadística». A todo ello se añade una inquietante correlación detectada por el psicólogo Dacher Keltner, el cual llevó a cabo estudios que revelaban que los participantes criados en un entorno de mayor riqueza, poder y prestigio mostraban menos signos neurológicos de compasión al enfrentarse a imágenes de sufrimiento. En su libro *La Paradoja del Poder*[45], Keltner compara los efectos de ejercer el poder con «una forma de daño cerebral que nos lleva a comportamientos egoístas e impulsivos», lo cual, paradójicamente, socava la compasión y empatía necesarias para ejercerlo de manera efectiva. Esta es una conclusión que el propio William Shakespeare intuyó en su propia obra. En *Macbeth* narra la historia de un hombre que, al ganar poder, pierde empatía, llegando al punto en que, al final de la obra, es incapaz incluso de sentir tristeza por la muerte de su esposa. El *Rey Lear*

---

[45] Keltner, D. (2017) *The Power Paradox: How We Gain and Lose Influence.* Penguin Books.

nos muestra como un monarca que, tras permanecer en el trono durante décadas, ya no puede escuchar nada más que adulaciones, desterrando a la única persona, su propia hija Cordelia, que se atreve a hablarle con sinceridad[46].

En ocasiones, tampoco está claro a quien corresponde la responsabilidad de detectar el riesgo, evaluar la respuesta y pasar a la acción. En general, nadie quiere asumir de manera voluntaria el papel de responsable de algo que está a punto de convertirse en un desastre. Esta reticencia crea un «efecto espectador», en el que los observadores del problema no sienten la responsabilidad de pasar a la acción bajo la creencia interesada de que es a otros a quienes les corresponde reaccionar. Este incentivo negativo es más intenso cuando se refiere a amenazas que carecen de precedentes, y donde resulta más fácil alimentar la ambigüedad sobre el reparto de tareas. Son puntos ciegos, en los que, debido a los sesgos cognitivos, poderosas fuerzas institucionales, miopía o falta de voluntad para leer las señales, tendemos a evitar la tarea, a riesgo de asumir un precio terrible.

La mayoría de las organizaciones y sus dirigentes se encuentran volcados en un conjunto consolidado de intereses y tareas que compiten entre ellos por atención. Lidiar con lo imprevisto choca de esa manera con la inercia de unos actores[47] que consideran esas advertencias como una simple distracción de lo verdaderamente importante. Hay organizaciones en cuya identidad está grabado a fuego un orden jerárquico que se vería sacudido como consecuencia de aceptar determinada imagen sobre el futuro. Esta resistencia, aunque puede manifestarse de manera sutil, puede ser paralizante. Si hay un mantra que representa a cualquier tipo de burócrata es el de: «Nunca hagas nada por primera vez». En el sector público la innovación es lo que crea problemas, a menudo la única cosa que podría provocar la pérdida del trabajo[48]. Un ejemplo arquetípico se da en las fuerzas armadas. Determinadas subculturas dentro de estas organizaciones pueden ser dominantes, y se resistirán por todos los medios imaginables a ceder su posición de prevalencia, incluso aunque eso perjudique al conjunto. Una de las razones por las que la Armada estadounidense, por ejemplo, no adoptó con más entusiasmo la posibilidad de embarcar aviación en sus buques fue la oposición del llamado «club de los cañones»[49]: los almirantes de los acorazados, cuyos barcos repletos de poder artillero representaban la máxima expresión de la fuerza naval, no estaban

[46]   Zakaria, F. (2020). *Ten Lessons for a Post-Pandemic World*. W. W. Norton & Company.

[47]   Fiott, D. (2019). Stress tests: An insight into crisis scenarios, simulations and exercises. *Institute for Security Studies* (EUISS). Recuperado el 17 de abril de 2020, de https://www.iss.europa.eu/content/stress-tests

[48]   Wooldridge, A., & Micklethwait, J. (2015). *La cuarta revolución*. Galaxia Gutenberg.

[49]   Krepinevich, A. (2010). *7 Deadly Scenarios: A Military Futurist Explores the Changing Face of War in the 21st Century*. Bantam Books

dispuestos a verse desplazados por otro tipo de embarcaciones, aunque su nece-sidad hubiese dejado hace tiempo de ser una hipótesis de futuro, para convertirse en una necesidad acuciante.

Cuando el ejército de Estados Unidos se enfrentó a un escenario de lucha contrainsurgente en Vietnam, hubo enormes reticencias a reconocer que la natu-raleza del juego había cambiado y que la experiencia en la guerra industrial y la preparación de sus fuerzas armadas para el combate convencional de alta intensi-dad no presentaba una ventaja especialmente útil. Un responsable militar llegaría a protestar de esta manera: «¡No voy a permitir ni en sueños que el ejército de Estados Unidos, sus instituciones, su doctrina y sus tradiciones sean destruidas nada más que por ganar esta asquerosa guerra!»[50]

Los humanos, especialmente cuando pertenecemos a un colectivo, tenemos una tendencia natural a resistirnos a los cambios que nos desplazan o disminuyen nuestra importancia. El resultado es que las organizaciones tienden a descartar la información que sugiere que es necesario un cambio importante. Este rechazo se ve favorecido cuando las llamadas al cambio provienen de estimaciones cuya plausibilidad puede ser fácilmente discutida. La organización desarrolla un «sis-tema inmunitario» para aislar o expulsar a las personas o ideas que desafían la visión institucionalmente más cómoda.

Esta falta de interés por lo intangible no es exclusiva del nivel político, la propia ciudadanía actúa como un poderoso potenciador de esta tendencia. Los estudios de opinión pública nos recuerdan que la ciudadanía juzga duramente a los gobernantes que no están volcados de manera casi exclusiva en los problemas que consideran urgentes, que es la forma eufemística de referirse solamente a los problemas que manifiestan sus efectos negativos en el presente.

La comprensión de algunas amenazas y las posibles medidas de prevención requieren de un bagaje científico o técnico que no suele abundar entre la clase política. Algunas llamadas de atención versan sobre tecnologías o teorías alta-mente complejas que requieren traducción y aprendizaje por parte de quienes toman las decisiones. Sin embargo, como afirmó Henry Kissinger: «Los líderes raramente ganan en profundidad mientras adquieren experiencia. La formación que recibieron antes de llegar a ese puesto será el único capital intelectual que consumirán mientras sigan en el cargo»[51]. El ritmo frenético propio del ejercicio del poder dificulta que puedan dedicar el tiempo necesario a la comprensión y reflexión sobre cómo abordar las múltiples paradojas asociadas a los problemas

---

[50] Harford, T. (2011). *Adáptate*. Planeta.
[51] Gaddis, J. L. (1987). Expanding the Data Base: Historians, Political Scientists, and the Enrichment of Security Studies. *International Security*, 12(1), 3-21.

más complejos. El que fuera Secretario de Defensa de los Estados Unidos, Robert McNamara reconoció en sus memorias que «una de las razones por las que las Administraciones Kennedy y Johnson no llegaron a un planeamiento ordenado y racional de las cuestiones referentes a Vietnam fue la asombrosa diversidad y complejidad de otros asuntos a los que nos enfrentábamos. Dicho de manera sencilla, nos veíamos ante un diluvio de problemas; el día tenía sólo veinticuatro horas y, a menudo, no disponíamos de tiempo para pensar con claridad»[52]. McNamara no hacía sino citar de manera inconsciente ese proverbio que dice «a nadie se le ocurre una buena idea cuando está siendo perseguido por un tigre».

El resultado es que algunos líderes se sienten incómodos con algunos temas que ponen en evidencia sus carencias o falta de experiencia, y que les obliga a depender de los criterios de unos técnicos cuyas habilidades y criterio no son capaces de enjuiciar. Algunos sistemas pueden ser tan complejos que ni siquiera los expertos pueden ver el desastre que se avecina. El crecimiento acelerado de la tecnología hace que sea cada vez más difícil, incluso para los científicos, descifrar los riesgos. Algunas innovaciones, como la ingeniería genética o la inteligencia artificial, han evidenciado las limitaciones intelectuales de los propios legisladores, los cuales se ven paralizados ante la necesidad de establecer un marco claro.

A todo ello debe sumarse que hay personas que no dudan en rechazar la única respuesta disponible, simplemente porque contradice sus marcos ideológicos acerca del poder político, la organización de la sociedad o la ética pública. Algunas de estas soluciones pueden requerir una reordenación de las prioridades presupuestarias, la creación o eliminación de agencias gubernamentales, la pérdida o asunción de nuevas competencias, o la renuncia a ejercer un papel sobre ámbitos tradicionales de la acción pública. La negación del riesgo o el escepticismo es una forma de racionalizar una realidad que choca frontalmente con unos prejuicios que el político se niega a cuestionar. Para el historiador John Lewis Gaddis no había duda de que «el sentido común es como el oxígeno: cuanto más asciendes, más se diluye»[53].

Una estrategia alternativa para evitar este choque entre realidad e ideología es la búsqueda permanente de una alternativa «aceptable» que traslade la sensación de que se está haciendo algo, aunque apenas aporte nada a la solución del problema. Esta alternativa suele ser fácil, y no requiere recursos significativos, ni mayores perturbaciones. Encargar estudios adicionales es un procedimiento habitual cuando se cree que se cuenta con tiempo suficiente antes de poner en marcha una acción contundente.

---

[52] Citado en Jordán, J. (2020). Sorpresas estratégicas e Inteligencia de alerta temprana. *Global Strategy Report*, (56/2020).

[53] Gaddis, J. L. (2019). *Grandes estrategias*. Taurus.

## CEGADOS POR LA MEDICIÓN

En economía suele utilizarse un relato para ilustrar los peligros de medir la realidad a través de un sistema que oculta un incentivo perverso. Es el llamado «efecto cobra», bautizado así por aquella historia que cuentan sobre un gobernador de la administración colonial británica en la India. Este funcionario imperial decidió hacer frente al problema de las serpientes venenosas, las cuales eran las causantes de un buen número de muertes entre los soldados. Creyó que la mejor forma de erradicar a estos peligrosos reptiles era implicar a los autóctonos en su exterminio, de tal forma que ofreció una bonificación de cien rupias a aquellos individuos que trajesen al palacio del gobernador las cabezas de las cobras eliminadas. Los campesinos indios se sumaron entusiasmados a este plan que les permitía ganar un poco más de dinero a cambio de un trabajo relativamente sencillo. Sin embargo, pronto se dieron cuenta de algo: si en vez de dedicarse a cazar a estos escurridizos animales, los cuales empezaban a escasear, dedicaban su esfuerzo a proteger los huevos de cobra podrían ganar mucho más dinero. Cada serpiente generará cuarenta cobras más, y si en vez de sacrificar las nuevas crías, permitimos que vuelvan a criar, el número de cabezas seguirá creciendo exponencialmente. Así, que eso es lo que decidieron hacer los cazadores originales, los cuales en poco tiempo se convirtieron en esforzados criadores de serpientes. Los británicos tardaron poco tiempo en darse cuenta de que el número de cobras capturadas, lejos de disminuir, no dejaba de crecer, y decidieron poner fin al programa de recompensas, el cual pasó de consumir una cantidad testimonial de dinero, a convertirse en un agujero presupuestario que no dejaba de ensancharse. Sin embargo, lo peor vino después. Cuando desapareció el incentivo monetario, los criadores de cobras perdieron su interés en esta actividad y soltaron a las crías. Tras esta intervención, y cientos de miles de rupias después, el problema no solo no había desaparecido, sino que adquirió una dimensión aún más preocupante. El llamado «efecto cobra» terminó convirtiéndose en una metáfora de que sucede cuando uno no tiene en cuenta la reacción de los humanos ante una determinada política económica, las consecuencias finales de tal política a menudo son las contrarias a las que se buscaban.

Uno de los mejores asideros a los cuales podemos recurrir para tratar de esquivar todos los sesgos que corrompen y desvían nuestro proceso analítico es recurrir a los datos. Descompone la realidad en unidades que pueden ser medidas y comparadas, en principio, nos parece un método mucho más objetivo de entender el mundo que aquellas otras aproximaciones donde la imprecisión y el peso de lo subjetivo nos conduce fácilmente al error. Sin embargo, los datos pueden terminar cegándonos porque, bajo la apariencia de una fría objetividad, asumimos una descripción del mundo que, tal vez, ha sido modificada por nuestras propias intervenciones. Este es uno de los rasgos más fascinantes de las ciencias sociales.

El conocimiento que esta disciplina genera sobre la realidad, termina modificando esa misma realidad. Uno de los ejemplos más cristalinos de esta dinámica es lo que sucede con los sondeos electorales. Este tipo de estudios arrojan una radiografía de cuáles son las intenciones de los electores a la hora de emitir su voto. Sin embargo, en el preciso instante en que estos resultados se dan a conocer a los propios ciudadanos, la nueva información altera las preferencias de los votantes. Tras conocer esa imagen, algunos se replantean sus intenciones para intentar alterar ese desenlace. La opción predilecta deja de serlo en el momento en que se asumimos como cierto un determinado futuro. Los votantes más estratégicos optan por apoyar a aquella otra opción que no le entusiasma tanto, pero considera que tiene más probabilidad de ganar (o al menos de influir). Otros votantes, pueden sentirse, por el contrario, motivados a apoyar a la candidatura que peor sale parada en las encuestas por empatizar con el débil, intentar evitar su extinción o cualquier otra casuística. Esta dinámica de alteración del comportamiento electoral motivada por el conocimiento sobre la propia sociedad se extiende incluso a aquellos votantes que encuentran que su opción predilecta aparece señalada como la vencedora. Una vez asumido como inevitable lo que se desea, puede optar por dedicar su tiempo a un plan más satisfactorio que acudir al colegio electoral. Las múltiples formas en las cuales los sondeos pueden incidir en la propia sociedad a la que estudia, es una tentación demasiado poderosa para los políticos. Algunos se sienten motivados introducir sus propias encuestas, maquilladas o directamente inventadas, para que estas describan un escenario que transforme esa misma realidad. Sin embargo, la dinámica que se establece entre la sociedad y el conocimiento que esta recibe es bastante más compleja de lo que, a priori, podría parecer. Aunque algunos de estos actores crean entender cómo se manipula a la población, sus actos son los propias de un «aprendiz de brujo», el cual se dedica a invocar unas fuerzas que no puede controlar. De hecho, algunas de estos intentos terminan generando el efecto contrario al deseado por sus autores. Son tantas las variables que intervienen en el comportamiento humano que el intento de controlarlo a través de unos pocos impulsos supone una tremenda ingenuidad.

La complicada relación que se establece entre los indicadores que creamos para medir el comportamiento humano, y cómo este se ve modificado por esos mismos instrumentos de medición ha sido etiquetada de múltiples formas. Una de las más populares es la conocida como ley de Goodhart[54]: cuando una medida se convierte en el objetivo, deja de ser una buena medida. Si creamos un sistema para medir, por ejemplo, la excelencia en una actividad laboral, y los resultados de

---

[54] Bergstrom, C. T., & West, K. D. (2021). *Bullshit: Contra la charlatanería: Ser escéptico en un mundo basado en los datos*. Capitán Swing.

esa medición llevan asociados una recompensa, es natural que los individuos modifiquen sus estrategias para salir bien parados en ese sistema. A priori, esto podría ser una buena forma de incentivar mejores prácticas profesionales o cualquier otra cualidad deseable, pero lo que olvidamos es que las personas sólo terminan sintiéndose motivas por aquellos cambios que se reflejan efectivamente en el sistema de medición, mientras que pierden interés en aquellos otros aspectos que no se contemplan en el sistema, con independencia de que tengan un valor intrínseco.

El epistemólogo Donald T. Campbell advirtió hace tiempo de que: «cuanto más se utilice un indicador social cuantitativo para la toma de decisiones sociales, más sujeto estará a la presión de la corrupción y más apto será para distorsionar y corromper los procesos sociales que pretendía controlar[55]». Un ejemplo de cómo un sistema de medición mal diseñado puede terminar desvirtuando la realidad que pretende capturar lo encontramos en los famosos rankings universitarios. Desde hace tiempo, las universidades de todo el planeta se embarcaron en una frenética competición por escalar en los puestos que los distintos rankings de calidad científica que elaboraban periódicamente instituciones como la Universidad Jiao Tong de Shanghái («Ranking de Shanghái). Ser percibida como una institución puntera a nivel internacional permite mejorar la financiación y las donaciones, el reclutamiento de los estudiantes más brillantes o la contratación de los mejores profesores e investigadores del planeta. Sin embargo, medir algo tan etéreo como la «calidad» o la «excelencia científica» puede ser tremendamente difícil, sobre todo cuando estamos comparando unidades sustancialmente diferentes en función del país en el que se encuentra, su marco normativo, la idiosincrasia de cada institución, etc. Ante la complejidad de encontrar datos estandarizados que sirvan para comparar miles de estas organizaciones, estos rankings suelen recurrir a una herramienta de medición aparentemente indiscutida y que resultaba tremendamente fácil de obtener y contabilizar: el número de artículos científicos publicados en las llamadas revistas de impacto. Se trata de un selecto grupo de publicaciones periódicas que la comunidad científica estima que reúnen los mayores estándares de exigencia. Estas revistas son la élite del panorama editorial, el objeto de deseo de todos aquellos investigadores que saben que la repercusión de sus contribuciones se multiplica si son recogidas en algunas de las revistas que se vanaglorian de su altísima tasa de rechazo entre los manuscritos recibidos. Por el contrario, el recorrido que tienen sus trabajos en las revistas de «segunda división» no sólo es más modesto, sino que tiene un escaso valor como forma de progresar laboralmente. Sin embargo, la decisión de quien forma parte de este

---

[55] Citado en Harford, T. (2021). *10 reglas para comprender el mundo: Cómo los números pueden explicar (y mejorar) lo que sucede.* Conecta.

selecto grupo también obedece a un cuestionable sistema de medición creado por conglomerados empresariales.

Cuando medimos la realidad, no solo la distorsionamos, sino que estas alteraciones son acumulativas, lo cual genera nuevas ramificaciones que adquieren vida propia. Los rankings universitarios no escapan a esta dinámica. Se trata de un sistema de medición (cómo identificamos a las mejores universidades) creado a partir de otro sistema de medición (cuales son las mejores revistas científicas). Las llamadas revistas de impacto se convirtieron en la meta de toda la comunidad científica. Publicar allí pasó a ser un fin en sí mismo. Debido a que era un proceso enormemente exigente, se entendió que cualquiera que culminase esta carrera de obstáculos en forma de revisiones anónimas, rechazos, reescrituras, nuevas revisiones, etc. había demostrado su calidad y la relevancia de sus investigaciones. El problema es que se equiparó el medio (publicar en una revista para que tus pares conozcan y discutan tu trabajo) con el fin (generar nuevo conocimiento). Esto llevó a contabilizar de una manera muy tosca la relevancia del trabajo de cualquier investigador: un científico que publica dos artículos al año es percibido como el doble de productivo y relevante que el que sólo lo hace en una única ocasión. Poco importaba lo que allí se publica y en qué medida ha hecho avanzar el conocimiento en una disciplina. Aquí llegaba el primer incentivo hacia la distorsión del trabajo científico: investigadores que llegan a la conclusión de que no tiene sentido condensar en un único artículo los resultados de un trabajo de varios años, si podía fraccionar esos mismos datos y sus respectivas conclusiones en varios artículos aparentemente distintos. La búsqueda del número por encima del contenido también llevó a la aparición de redes informales de investigadores que intercambiaban pociones entre los autores firmantes de estos trabajos: yo te añado como coautor en mi artículo, a cambio de que tú me añadas como coautor en el tuyo, sin necesidad de que hayamos participado de ninguna forma en los trabajos que dieron lugar al texto. Esta dinámica se retroalimentaba así misma de tal forma, que el autor que establecía más redes de intercambio con otros investigadores, conseguía erigirse como un científico sobresaliente desde la perspectiva del número de trabajos publicados, lo que concitaba la atención de otras redes de intercambio de favores.

Un ejemplo ilustrativo de las dinámicas disparatadas a las que puede llevar estos incentivos perversos se produjo en la Universidad de Córdoba a principios del año 2023. La universidad andaluza abrió un expediente disciplinario contra el que era uno de sus investigadores más célebres (según el criterio de otro ranking: el que mide a los científicos más citados del mundo). Este profesor dedicado a la llamada química verde, que intenta sintetizar productos, como fármacos y combustibles, para generar menos residuos, alcanzó una velocidad de crucero investigadora que le llevó a firmar la insólita cifra de un artículo científico cada 37 horas. Sin embargo, los motivos que llevaron a esta institución universitaria a tomar medidas sancionadoras, no fue la inverosímil cantidad de trabajos en los que este químico afirmaba participar, los cuales supusieron una mejora muy considerable de la posición de la Universidad de Córdoba en los rankings universitarios internacionales. Era el hecho de que, en una buena parte de esos trabajos, este investigador, pese de tener un contrato de funcionario a tiempo completo con una institución española, había indicado como su filiación profesional la Universidad Rey Saúd ubicada en Riad y la Universidad Rusa de la Amistad de los Pueblos, ubicada en Moscú. Según la información publicaba el diario *El País*[56], esta doble y triple filiación profesional era sólo la punta del iceberg de un sistema de «compra» de artículos a través del cual algunas universidades intentaban escalar en los rankings universitarios por la vía rápida, buscando captar a los científicos más citados del mundo. Sin embargo, el proceso no era el de contratarlos y sumarlos a sus plantillas, sino el de ofrecerles incentivos económicos para que incluyesen el nombre de sus universidades en los artículos que elaboraran desde sus centros de trabajo originarios, sin necesidad siquiera de que hubiesen visitado en alguna ocasión sus instalaciones o mantuviesen algún tipo de conexión con sus miembros.

Las distorsiones generadas por el este sistema de medición de la calidad científica tomando como referencia las publicaciones de «impacto» no acaba ahí. Algunos actores, que ni siquiera estaban conectados con el mundo universitario, identificaron que si publicar en este selecto grupo de revistas es algo tan apetecible existía una clara oportunidad de negocio. Es así como surgió la categoría de las «revistas depredadoras» nombre con el que se conocen a las publicaciones académicas falsas o de baja calidad que operan bajo un esquema fraudulento de revisión por pares y publicación. La clave de este negocio es cobrar una tarifa como medio de acceso a unas revistas que consiguen introducirse en estos rankings de calidad mimetizando y alterando los sistemas de medición para cumplir formalmente con los requisitos exigidos. Como la motivación es económica, se acepta prácticamente cualquier candidato que esté dispuesto a abonar las sustanciosas tarifas, sin importar el resultado. El efecto lógico es que hay investigadores que están dispuestos a remitir a este tipo de publicaciones trabajos fraudulentos donde se falsean datos, evidencias y todo aquellos que sea necesario para aparentar que se ha llevado a cabo una verdadera investigación científica.

El aumento desproporcionado del número de artículos científicos falsos tuvo su origen en China, donde a los jóvenes médicos y científicos que pretendían ascender se les exigía haber publicado artículos científicos. La vía expeditiva para cumplir con

---

[56] Ansede, M. (2023, Marzo 31). Suspendido de empleo y sueldo por 13 años uno de los científicos más citados del mundo, el español Rafael Luque. *El País*. https://elpais.com/ciencia/2023-03-31/suspendido-de-empleo-y-sueldo-por-13-anos-uno-de-los-cientificos-mas-citados-del-mundo-el-espanol-rafael-luque.html

este requisito era acudir a las llamadas «fábricas de papel», las cuales se encargan de suministrar a sus clientes trabajos falsos para su publicación. Desde entonces, la práctica se ha extendido a la India, Irán, Rusia, y Europa del Este. Cada vez son más las revistas a las que las fábricas de papel suministran estudios falsos, ya que cada vez son más los *juniors* que intentan impulsar sus carreras alegando una experiencia investigadora falsa. El resultado no es sólo que la cantidad de estudios engañosos ha llegado a números inéditos, sino el daño que genera al avance de la ciencia. Los productos de las «fábricas de papel» se basan en plantillas en las que nombres de genes o enfermedades se encajan al azar entre tablas y figuras ficticias. Estos artículos pueden incorporarse a grandes bases de datos utilizadas por quienes trabajan, por ejemplo, en el descubrimiento de nuevos fármacos. Según una investigadora de este fenómeno: «La situación se ha vuelto espantosa. El nivel de publicación de artículos fraudulentos está creando graves problemas a la ciencia (...) porque carecemos de una base sólida de hallazgos fiables. Y cada vez va a peor»[57].

Si nuestro afán por contabilizar y comparar puede generar un efecto tan devastador en ámbitos, en principio, tan poco problemáticos como la actividad científica de las universidades, no nos debería extrañar lo que sucede si aplicamos ese mismo prisma a realidades tan dramáticas como los conflictos armados. Así, por ejemplo, cuando la guerra de Vietnam entró en una fase de implicación absoluta por parte de Estados Unidos, los responsables del Pentágono se empeñaron en establecer algún tipo de métrica que registrase el progreso de su ejército y hasta qué punto se estaban avanzando hacia el objetivo de vencer a la guerrilla norvietnamita. Sin tener en cuenta que el enemigo no estaba librando una lucha por controlar el territorio, ni que tampoco presentaba un orden de batalla que pudiese ser identificado, se optó por un indicador simple, pero con efectos brutales: el número de enemigos muertos. El recuento de cadáveres se publicaba diariamente en los periódicos estadounidenses. Más enemigos eliminados que el día anterior significaba un mayor progreso hacia la victoria final. El sistema se volcó hacia la consecución de unos números que no podían dejar de crecer. Esto era lo que tranquilizaba a los responsables políticos cuando se les planteaban dudas sobre el posible estancamiento del esfuerzo bélico, y lo que mantenía protegidos a los líderes militares frente a las críticas sobre su forma de gestionar la campaña. En 1977, dos años después de que el último helicóptero despegara de la azotea de la embajada estadounidense en Saigón, un general retirado del ejército, Douglas Kinnard, publicó un libro, titulado *The War Managers*[58],

57  McKie, R. (2024, 4 febrero). 'The situation has become appalling': fake scientific papers push research credibility to crisis point. *The Guardian*. https://www.theguardian.com/science/2024/feb/03/the-situation-has-become-appalling-fake-scientific-papers-push-research-credibility-to-crisis-point

58  Kinnard, D. (1977). *The War Managers*. The University Press of New England.

donde cargaba contra el atolladero al que había llevado la cuantificación. Se encargó de sondear la opinión de los líderes militares del país y se encontró con que una inmensa mayoría eran unos absoluto descreídos de las virtudes de ese sistema. Dos tercios consideran que no dejaba de ser una «falsificación» de lo sucedido en el campo de batalla, «unas cifras groseramente exageradas por muchas unidades» con el único propósito de contentar a Robert McNamara, el brillante y polémico Secretario de Defensa. Este había sido el principal impulsor de aplicar sistemas de control estadístico en las fuerzas armadas de los Estados Unidos, a imitación de lo que se hacía en el sector automovilístico del cual procedía. McNamara estaba decidido a dar un mayor protagonismo a una tendencia que él mismo inició en el ejército estadounidense durante la II Guerra Mundial. Junto a un grupo de tecnócratas conocidos como los «niños prodigio» implantaron el control estadístico de procesos, un sistema que pretendía ayudar a coordinar toda la información operativa y logística y mejorar la conducción de la guerra. Los aviones estaban ocupando un lugar cada más importante en el desarrollo del conflicto, sin embargo, la complejidad de operar y mantener una flota de miles de aeronaves desbordaba los mecanismos de gestión de las fuerzas armadas. No se disponía de ningún sistema que fuese capaz de controlar la información, y hacer posible una gestión óptima de los aparatos, sus tripulaciones, el uso de piezas de recambio o cómo distribuir el combustible. McNamara contribuiría decisivamente a la mejora de la eficiencia logística y la planificación de las misiones empleando métodos estadísticos. Se cuantificó absolutamente todo: desde donde eran más destructivos los bombardeos en función de los materiales de construcción empleados en las ciudades japonesas, hasta cual era la altura perfecta para lanzar las bombas si de deseaba maximizar el número de bajas enemigas.

McNamara llegaría a la cúspide del Departamento de Defensa con unas expectativas inmejorables. Representaba el triunfo de la tecnocracia, un gestor eficaz desprovisto de cualquier anteojera ideológica al que sólo le interesaba la objetividad de los datos. Un rival político llegó a calificarlo como «uno de los mejores secretarios de la historia, una máquina IBM con piernas», aunque con el tiempo ese mismo político lo bautizaría como un «desastre unipersonal»[59]. Su visión de cómo los métodos modernos de la gestión empresarial debían transformar la conducción de la guerra alcanzaría la máxima expresión durante los cuatro años que estuvo gestionando esta cartera. Sin embargo, con lo que no contaba este antiguo profesor de la Escuela de Negocios de Harvard es que los números que

---

[59] Braun, S. (2009, Julio 7). Robert McNamara, architect of the Vietnam War, dies at 93. *Los Angeles Times*. https://www.latimes.com/local/obituaries/la-me-robert-mcnamara7-2009jul07-story.html

llegaban incesantemente a su despacho no reflejaban necesariamente la realidad de lo que estaba pasando en el campo de batalla. Los oficiales a veces daban a sus superiores cifras impresionantes para impulsar sus carreras, diciendo a sus jefes exactamente lo que querían oír. McNamara sentía que sólo podía comprender lo que ocurría sobre el terreno estudiando una hoja de cálculo, donde se daba cuenta de la cantidad de muertos ocasionados al enemigo, el cual debería verse forzado a la rendición cuando quedase extenuado por la acumulación de bajas. La contabiliza-ción se convirtió en un fetiche para la Administración estadounidense, un sistema en el que todos terminaron confiando ciegamente, a pesar de que contenía todos los incentivos para ser adulterado desde el primer día. Sin embargo, a pesar del éxito que reflejaban los números, Estados Unidos terminaría retirándose derrotado de un escenario donde no había perdido ni una sola batalla. Tardaría un tiempo en entender que el verdadero centro de gravedad de ese conflicto nunca fue la capa-cidad de combate de los norvietnamitas, sino el respaldo ciudadano al esfuerzo bélico, lo cual resultaba algo bastante más complejo de medir que el número de enemigos muertos. Las lecciones de esta experiencia extrema de (mala) cuantifi-cación terminaría siendo conocida en el ámbito empresarial como «la falacia de McNamara»[60], para aludir a esas situaciones donde se toma una decisión basándose en una métrica aparentemente objetiva, pero se ignora todas las demás observa-ciones, especialmente las que resultan más difíciles de cuantificar. Aquello que se puede medir fácilmente termina desplazando en importancia a aquellas otras cuestiones que no sabemos cómo abarcar, el resultado es que terminamos pasando por alto elementos intangibles como la motivación, la esperanza, el resentimiento o el coraje, unos ingredientes que en el caso de la guerra son determinantes.

Nuestra fijación por contabilizar cualquier aspecto del proceso analítico nos puede llevar también al autoengaño de otorgar un valor numérico a estimacio-nes que resultan imposibles de comparar entre sí. Cuando el presidente Barak Obama tuvo conocimiento a través de la CIA de la existencia de una vivienda en Abbotabab (Pakistán), donde cabía la posibilidad de que estuviese escondido el líder de al-Qaeda, solicitó una estimación de probabilidades a sus colaboradores más cercanos. Ninguno de los implicados estaba de acuerdo con el resto. Según el juicio del principal analista del caso, cabía un 95% de probabilidades que ese misterioso habitante, al que los satélites habían capturado caminando debajo de un emparrado de la casa, fuese el hombre más buscado del planeta. Esta oficial de inteligencia fue convertida en el personaje «Maya» de la película *Zero Dark*

[60] Hernández Calvo, Z. (2023). Según el big data Rusia ha conquistado Ucrania: la guerra y la falacia de McNamara. *Instituto Español de Estudios Estratégicos.* https://www.ieee.es/Galerias/fichero/docs_opinion/2023/DIEEEO101_2023_ZACHER_Rusia.pdf

*Thirty* («La noche más oscura» en la versión en español) en la cual aumentaba esa seguridad hasta el 100%. Sin embargo, los que habían vivido de primera mano el desastre de la Estimación Nacional de Inteligencia de 2002 sobre la existencia de armas de destrucción masiva en Irak se mostraron mucho más prudentes. Estos analistas creían que el rango se movía entre un 60 y un 80 por ciento. Michael Morrell, director adjunto de la agencia, dijo al presidente que, en su momento, estaban más seguro de que Sadam Husein tuviera armas de destrucción masiva que sobre el hecho de que Bin Laden estuviera en esa casa. Llegaría a declarar que «aunque tuviéramos una fuente humana dentro del complejo que jurara que Bin Laden estaba allí, no podría ofrecer una estimación del noventa por ciento, porque los humanos mienten y te dicen lo que quieres oír»[61]. Michael Leiter, director del Centro Nacional Antiterrorista, se mostró aún más pesimista, y cifró la probabilidad en un 40%, aunque también dijo que era una estimación un «38% mejor de lo que habíamos tenido nunca» sobre cualquier otra pista sobre el paradero del líder terrorista. Se trataba de una asombrosa variedad de respuestas basadas exactamente en la misma información.

Los datos son un ingrediente clave en las predicciones. Pero no vale cualquier dato. Para ser útiles, los datos deben abarcar acontecimientos o circunstancias comparables. Cuantas más situaciones similares se puedan observar, más información se podrá obtener sobre las causas y efectos probables. Sin embargo, esto tampoco soluciona las principales incertidumbres sobre cómo se puede desarrollar el mañana. Hay un ámbito donde los datos no sólo son abundantes, sino que todos ellos proceden de situaciones idénticas donde resulta tremendamente fácil medir y comparar. Las competiciones deportivas implican un juego repetido, reglas consistentes, programas o competidores de larga duración y estadísticas que cubren casi todo. Sin embargo, vemos que nuestra información sobre el desempeño de los jugadores, el histórico de partidos jugados en un determinado campo, y cualquier otra variable que queramos incluir tienes una reducida capacidad para acertar en una apuesta deportiva cuáles serán los resultados de todos los encuentros de una semana. Incluso en un entorno cerrado donde el comportamiento humano está constreñido por una serie de reglas claras, vemos como la incertidumbre sigue siendo el componente esencial de lo que terminará sucediendo en el campo de juego[62].

---

[61] Bowden, M. (2012, Octubre 12). The death of Osama bin Laden: how the US finally got its man. *The Guardian*. Recuperado de https://www.theguardian.com/world/2012/oct/12/death-osama-bin-laden-us

[62] Silver, N. (2014). *La señal y el ruido: Cómo navegar por la maraña de datos que nos inunda, localizar los que son relevantes y utilizarlos para elaborar predicciones infalibles*. Planeta.

# II

# DEUS EX MACHINA

En 1943, el presidente de IBM, Thomas Watson, profetizó que «el mercado de computadoras no dará para mucho más que cinco o seis en todo el mundo»[63]. Tres años después, Darryl F. Zanuck, director de los estudios de cine 20th Century Fox, sentenció que «La televisión no podrá con ningún mercado después de los primeros seis meses. La gente se aburrirá en seguida de mirar todas las noches la misma caja de madera»[64]. En 1998, cuando el mundo ya acumulaba una considerable experiencia en cómo las innovaciones tecnológicas eran capaces de producir cambios disruptivos en los hábitos de consumo, el influyente economista Paul Krugman advertía que Internet pronto dejaría de crecer. No importaba que cada vez se conectara más gente, decía, porque «¡la mayoría no tiene nada que decirse!» El futuro premio nobel no tenía duda de que «en 2005, más o menos, será obvio que el impacto de Internet en la economía no ha sido mayor que el del fax». Sus estimaciones estaban condensadas en un artículo con el perfecto título de «Por qué la mayoría de las predicciones de los economistas están equivocadas»[65].

Estas anécdotas son sólo una gota dentro de un vasto océano de pronósticos erróneos que han intentado anticipar el mañana en función de qué tecnologías lo dominarían y de qué manera la humanidad innovaría en diversas esferas. Curiosamente, las herramientas que catalizarán los cambios más radicales rara vez hacen acto de presencia en esas predicciones. En el siglo XIX existía, por ejemplo, un amplio consenso entre los hombres de ciencia acerca de que en algún momento serían posibles los viajes transoceánicos a través del aire, pero al hacerlo los ima-

---

[63] Citado en: Vidal, M. (2019). *La era de la humanidad: Hacia la quinta revolución industrial*. Deusto.

[64] Citado en: Dans, E. (2010). *Todo va a cambiar. Tecnología y evolución: adaptarse o desaparecer*, Deusto.

[65] Disponible en: https://web.archive.org/web/19980610100009/https://www.redherring.com/mag/issue55/economics.html

ginaban protagonizados por lo disponible en aquel momento: los globos aerostáticos, y no por la que poco tiempo después terminaría desplazando y haciendo irrelevantes esos mismos artefactos: la aviación. Exista cierto consenso en la idea de que las mejores máquinas para surcar el aire deberían ser más ligeras que el propio aire. Cuando aparecieron los primeros dirigibles, se creyó que el camino hacia el dominio de los cielos se recorrería a través de una progresión lineal a partir de ahí. Los dirigibles serían cada vez más refinados y rápidos, pero su promesa se consumió de manera instantánea tras el desastre del *Hindenburg* en 1937. Muchos se percataron de lo que hasta el momento parecía un desarrollo lateral tenía más sentido, resultaba que había que ser más pesado que el aire para lograr que el vuelo fuese fiable. En palabras de Umberto Eco: «La moraleja de esta historia en que en filosofía y en ciencias hay que tener mucho cuidado de enamorarse del propio zepelín»[66]. Los que se sienten más atraídos por las promesas ilusionante son aquellos que tienen más probabilidad de errar ya que tienden a depositar todas sus esperanzas en el triunfo de una determinada solución, lo que les impide percatarse de la importancia de otros desarrollos que tienen más potencial.

Nuestro conocimiento del futuro encierra una gran paradoja: somos capaces de atisbar que eventos pueden tener lugar, pero nos cuesta mucho imaginar cómo sucederán. Depositamos nuestra confianza en la capacidad inherente de la humanidad para superar obstáculos mediante el progreso científico, pero permanecemos en la oscuridad acerca de la composición precisa de dichos adelantos. A diferencia de los humanos, la tecnología puede madurar, diversificarse y ampliarse a un ritmo endiablado. Cuantas más herramientas hay disponibles, más posibilidades de combinarlas, dando lugar a productos cada vez más nuevos y complejos que revolucionan el entorno donde aparecen[67].

En 2013, los investigadores de la Universidad de Oxford Carl Frey y Michael Osborne publicaron un influyente estudio que fijaría gran parte del debate sobre cómo la llegada de la inteligencia artificial (IA) afectaría al mercado de trabajo. Sus conclusiones generaron un enorme revuelo: la mitad de los empleos existentes estaban en riesgo de desaparecer en un horizonte de veinte años. Poco importaba el prestigio social y el peso de económico de cualquier profesión, si esta podía descomponerse en tareas rutinizables y repetitivas, tanto físicas como intelectuales, sería sustituida por un robot o sistema alimentado por IA. Dentro de esta lúgubre estimación había un espacio de esperanza para aquellos que desempeñaban un tipo de tareas muy específicas, las que exigían un componente creativo, un ele-

---

[66] VV.AA. (2000) *Predicciones. 31 grandes figuras pronostican el futuro*. Taurus.
[67] Khanna, A. (2011, August 15). Technology Will Take on a Life of Its Own. *Foreign Policy*. Recuperado de: https://foreignpolicy.com/2011/08/15/technology-will-take-on-a-life-of-its-own/

mento de inteligencia emocional o empatía, el cual no podría ser sustituido por un actor no humano. Sin embargo, ambos investigadores estarían equivocados, no tanto en su advertencia, sino en el alcance de esta ola de cambio, la cual también ha alcanzado a las tareas intelectuales que considerábamos intrínsecamente humanas y, por tanto, inalcanzables para ningún sistema computarizado. Hasta hace muy poco tiempo, la recomendación más sensata para alguien que quisiera elegir una profesión «con futuro» era estudiar programación. Repentinamente, con la llegada de las IA generativas, uno de los trabajos más prometedores ha pasado a ser uno de los más amenazados[68]. Ni siquiera las manifestaciones artísticas, el terreno natural para la subjetividad y la individualidad creativa, se han visto ajenas a esta amenaza. No dejan de aparecer noticias de cuadros, canciones, poesías generadas por IA, las cuales no sólo son capaces de mimetizar de manera innovadora el estilo de artistas consagrados, sino ir más allá y explorar nuevos estilos para la creación artística.

Los creyentes en la predicción científica creen ver en este nuevo movimiento sísmico el gran punto de inflexión que dejará atrás todos los intentos fallidos de conocer el futuro. Los sistemas de inteligencia artificial no sólo ofrecen una capacidad increíble de recopilar y procesar la información, sino que supuestamente no estarían condicionados por todos esos sesgos y límites cognitivos que contaminan el proceso analítico. Sin embargo, los tecno-optimistas, que creen que la principal fuente de error son las propias personas, parecen no ser conscientes de que la estela de nuestras imperfecciones también se extiende a nuestras propias creaciones. Los sistemas tecnológicos están impregnados de nuestros propios sesgos. Hemos creado herramientas capaces de alcanzar resultados espectaculares, pero también de cometer errores a un nivel sobrehumano.

## ¿DÓNDE ESTÁN MIS COCHES VOLADORES?

Es habitual pensar que la utilidad de la ciencia ficción se haya en su capacidad de recoger intuiciones predictivas. Aunque conocemos sobradamente que es un producto destinado al entretenimiento donde no hay más límites que los que impone la libertad creativa del autor, albergamos la esperanza de que esas historias nos adelanten algunos trazos del mañana. La frustración resulta inevitable, sobre todo cuando nuestras vidas avanzan y comprobamos que no se han materializado algunas de las promesas más ilusionantes. La indignación por la falta de resultados en un campo concreto: el de la movilidad; se ha convertido en un chiste recurrente. Durante el cambio de milenio, un anuncio de la empresa informática IBM retomaba este tema a través de un popular cómico que se preguntaba: «Estamos en el año

---

[68] Sigman, M., & Bilinkis, S. (2023). *Artificial: La nueva inteligencia y el contorno de lo humano*. Debate.

2000, pero ¿dónde están los coches voladores? Me prometieron coches voladores. Y no veo ningún coche volador. ¿Por qué? ¿Por qué? ¿Por qué?». En 2011, en su manifiesto «¿Qué ha pasado con el futuro?», el inversor Peter Thiel mostraba su irritación cuando escribía: «Queríamos coches voladores, y en vez de eso nos dieron 140 caracteres»[69].

La contemplación del mañana es a menudo un comentario sobre el presente. Muchos autores de ciencia ficción llevan las preocupaciones actuales, desde los robots hasta el caos climático o la política de género, a los extremos lógicos y consideran sus implicaciones. Como resultado, la ciencia ficción puede desempeñar un valioso papel como radar de tendencias tecnológicas, sociales y políticas. Es el mismo tipo de aportación que realiza la denominada «antropología corporativa» y los «cazadores de tendencias»[70]. Hay grandes empresas que emplean antropólogos itinerantes para buscar «casos extremos»: ejemplos de tecnologías y comportamientos emergentes que aún no se han adoptado de forma generalizada, pero que tienen el potencial para globalizarse. Como dijo el novelista William Gibson: «el futuro ya está aquí, sólo que está desigualmente distribuido».

Sin embargo, hacer prospectiva de carácter tecnológico es más difícil de lo que habitualmente se cree. No basta con tener un conocimiento exhaustivo de todos aquellos desarrollos que en el presente se encuentran en una fase embrionaria, y tratar de imaginar cual sería el impacto de la eclosión de todas esas herramientas. Uno de los errores más comunes (y difíciles de esquivar) es centrar nuestra atención en un número reducido de grandes avances en fase de maduración, y extrapolar nuestros intereses y comportamiento en un escenario donde se han materializado todas esas promesas. Resulta relativamente fácil imaginar cómo será nuestro mundo si dispusiéramos de vehículos plenamente autónomos, impresoras 3D capaces de fabricar diseños complejos en cualquier material o sistemas de inteligencia artificial de propósito general. Sin embargo, el verdadero desafío es predecir la irrupción de toda otra serie de innovaciones colaterales que, a priori no se nos antojan tan espectaculares y complejas, pero que tienen una enorme capacidad para modificar el comportamiento de las personas y cómo interactúan entre ellas.

El gurú de la ciberseguridad Bruce Schneier, a la hora de hablar de nuestros límites como predictores, suele mencionar un ilustrativo ejemplo[71] proveniente

[69] Diamandis, P. H., & Kotler, S. (2021). *El futuro va más rápido de lo que crees: Cómo la convergencia tecnológica está transformando las empresas, la economía y nuestras vidas.* Deusto.

[70] The Economist. (2019) Why it's worth reading crazy-sounding scenarios about the future. *The Economist.*

[71] Schneier, B. (2018) *Click Here to Kill Everybody: Security and Survival in a Hyper-connected World.* W. W. Norton & Company.

de la película Blade Runner (1982). Se trata de una de las más aclamadas obras de ciencia ficción, la cual sitúa su trama en una versión distópica de la ciudad de Los Ángeles en el año 2019. Cuando los guionistas tuvieron que imaginar cómo sería un mundo situado a casi cuarenta años de distancia, no tuvieron problemas en contemplar vehículos voladores y robots humanoides tan perfectos que, en su apariencia y comportamiento, eran prácticamente indistinguibles de los humanos. Sin embargo, su visión del futuro en otros aspectos más cotidianos seguía anclada en el presente. Así, por ejemplo, en una determinada secuencia, el protagonista (un caza-robots interpretado por Harrison Ford) necesita efectuar una llamada telefónica. Los responsables de la película anticiparon con acierto que, en un mundo tan sofisticado tecnológicamente, esta comunicación se efectuaría en forma de video-llamada, donde los interesados podrían disfrutar de una imagen nítida de su interlocutor. Sin embargo, no llegaron a imaginar que este no sería el único aspecto que se vería transformado en este ritual. Por el contrario, en esta futurista película podamos ver al protagonista haciendo una llamada de la misma manera que lo hacía cualquier persona en la década de los ochenta: buscando un teléfono público adosado a la pared de un bar, marcando en un teclado físico un número anotado en un papel que llevaba en su billetera, e introduciendo monedas para que el teléfono funcionase.

Cuando pensamos en el futuro tendemos a ignorar que, con carácter previo a la irrupción de las grandes innovaciones, el desarrollo tecnológico ha hecho posible otra serie de desarrollos mucho menos exigentes tecnológicamente, pero que pueden ser incluso más poderosos a la hora de transformar la realidad. Convertir, por ejemplo, a los terminales telefónicos en un dispositivo de tamaño reducido que, no sólo se puede transportar, sino que integra funciones propias de herramientas distintas como ordenadores, cámaras de fotos y sistemas de geolocalización, a priori no parece una revolución capaz de transformar la historia de la humanidad. Sin embargo, en su adopción por parte de la sociedad en forma de *smartphones* se ha convertido en una pieza esencial para entender ámbitos tan distintos como la participación política, el comercio, el ocio, e incluso la forma que adoptan las relaciones de amistad, afectivas y sexuales.

No sólo tendemos a sobreestimar los efectos y la velocidad del cambio en el corto plazo, sino que ignoramos sistemáticamente el poder acumulativo de las mejoras graduales, las cuales pueden alcanzar un punto disruptivo del casi nadie se había percatado. En este sentido, el potencial revolucionario de la Inteligencia Artificial durante los próximos años seguramente consistirá en añadir un modesto nivel de mejora a múltiples tecnologías existentes, las cuales, gracias a ese suplemento, se verán convertidas en herramientas sustancialmente distintas a las que ya conocíamos. Uno de los fundadores de *Wired*, la revista de referencia en estos temas, lo describía así: «La IA ya está aquí, es real, se está acelerando... la fórmula para las próximas 10.000 nuevas empresas de Silicon Valley es tomar algo que ya existe y añadirle Inteligencia Artificial»[72].

Resulta relativamente fácil tratar de mapear las trayectorias actuales en el ámbito de la conflictividad entre estados a través del ciberespacio si sólo nos centramos en «the next bing think», pero la realidad es que no tenemos ni idea de qué desarrollos intermedios terminarán condicionando esos escenarios. No existe nada parecido a un determinismo tecnológico que nos anticipe los efectos de estas innovaciones y cómo serán acogidas por la sociedad. Sin embargo, sí que podemos reflexionar sobre esas mismas incertidumbres y extraer algunas conclusiones para evitar «el shock del futuro». Así es como denominaba el futurólogo Alvin Toffler a ese estado psicológico provocado por «la desastrosa tensión y desorientación que provocamos en los individuos al obligarles a un cambio excesivo en un lapso de tiempo demasiado corto»[73].

Tener un conocimiento aproximativo de las diferentes direcciones de la innovación tecnológica y su recepción permite sustentar alguna medida de anticipación, por modesta y limitada que esta pueda ser. No podemos evitar tener que navegar en aguas desconocidas, pero sí que podemos intentar portar con nosotros algún tipo de mapa de lo que podemos encontrar en nuestra travesía, aunque este plano sea imperfecto y deba ser sometido a una continua actualización.

## UN TESORO AL ALCANCE DE LA MANO

No podían creer que fuese tan fácil. Cientos de millones de registros sobre los aspectos más personales de los usuarios de Facebook, disponibles para cualquiera que estuviese dispuesto a apoderarse de ellos. Por primera vez, una campaña de propaganda política estaría cimentada en el conocimiento más íntimo sobre las preferencias y miedos de la práctica totalidad del electorado. La salida de Reino Unido de la Unión Europea era un objetivo cada vez más factible gracias a la irresponsabilidad de aquellos que en su momento prometieron conectar a toda la humanidad a través de una única plataforma de internet. Y para hacerlo, los responsables de Cambridge Analytica no tendrían que robar esos datos, ni siquiera pagar por ellos, simplemente tomarlos a través de las múltiples rendijas que ofrecía el negligente sistema de control de la información de Facebook[74].

Mark Zuckerberg, el creador de esta red social, quería que la gente investigase sobre su plataforma, y el motivo no era altruista. Los datos eran cada vez más valiosos, pero para poder convertirlos en dinero no bastaba con recopilarlos, sino

[72] Merritt, J. (2017, 3 de febrero). Is AI a Threat to Christianity? *Wired*.
[73] Toffler, A (1995) *El «Shock» del futuro*, Plaza & Janes.
[74] Haugen, F. (2023). *La verdad sobre Facebook*. Deusto.

también era necesario descubrir formas más eficaces para explotarlos. Cuanto más se supiese de sus usuarios, mayores probabilidades tendría la empresa de convertirlos en una mercancía que podría ser vendida a anunciantes y cualquier otro interesado en pagar por el principal activo del gigante de Menlo Park.

Los permisos y los controles de Facebook eran sorprendentemente laxos[75]. Esta era la conclusión a la que había llegado el investigador de la Universidad de Cambridge Michal Kosinski. Desde hacía un tiempo, venía especulando con la posibilidad de implementar los llamados test OCEAN[76] a través de internet, para conseguir así aumentar el número de personas que respondían a sus preguntas. Estos test constituían un popular modelo de análisis de la personalidad. La tesis detrás de esta metodología era que la personalidad de un individuo podía entenderse como como la composición de cinco rasgos o factores principales: factor O (*Openness* o apertura a nuevas experiencias), factor C (*Conscientiousness* o responsabilidad), factor E (*Extraversion* o extraversión), factor A (*Agreeableness* o amabilidad) y factor N (*Neuroticism* o inestabilidad emocional). Este académico de origen polaco pensó que sería una buena idea enviarlo a unas decenas de amigos a través de una plantilla online, pero en poco tiempo, se encontró con la sorpresa de que eran miles, y luego millones, los usuarios que, motivados por un propósito lúdico, remitían sus rasgos de personalidad a este investigador. En 2012 Kosinski demostró que utilizando una media de 68 «likes» por usuario, era posible predecir el color de su piel (con una precisión del 95%), su orientación sexual (con una precisión del 88%) y sus simpatías políticas (con un 85%). Implementando su test en la red social de mayor éxito, Kosinski consiguió generar la base de datos más importante del planeta sobre resultados psicométricos, lo que despertó el interés de algunas empresas. Este era el caso de una organización con sede en Londres llamada SCL Group (*Laboratorio de Comunicación Estratégica*) que le contactó para ofrecerle trabajo. La compañía se dedicaba a la modelización del comportamiento para campañas políticas, así como a las estrategias de difusión de información, campañas sociales y segmentación psicográfica para anunciantes. Kosinski no dudó en declinar la oferta, consciente de las delicadas repercusiones que podía tener este hallazgo. No obstante, los individuos que le estaban cortejando no estaba dispuestos a perder una oportunidad de negocio tan jugosa. SCL creó una nueva empresa especializada en *microtargeting* para campañas políticas basado en el modelo OCEAN. Su nombre sería Cambridge Analytica y empezaría a rodar con la financiación inicial del multimillonario Robert Mercer, el propietario de

---

[75]  Wylie, C. (2020). *Mindfck: Cambridge Analytica. La trama para desestabilizar el mundo*. Roca Editorial.

[76]  De Raad, B., & Perugini, M. (Eds.). (2002). *Big Five Assessment*. Hogrefe & Huber Publishers

un importante fondo de cobertura y declarado partidario de Donald Trump. Este empresario colocaría en un puesto clave del consejo de administración de la nueva empresa al controvertido Stephen Bannon, en aquel momento, el estratega jefe de la campaña del republicano. Entre los múltiples consejos que daría al que se convertiría en presidente de Estados Unidos estaba la idea de que sus rivales, los miembros del Partido Demócrata no importaban, «la verdadera oposición son los medios de comunicación. Y la forma de lidiar con ellos es inundar la zona de mierda»[77]. El objetivo no era persuadir, sino desorientar.

Cambridge Analytica lanzaría su propio test. Cuando una persona usaba lo que parece una inofensiva aplicación, la empresa británica no solo recibía los datos del usuario, sino también los de toda su lista de amigos en esta plataforma. Facebook no requería un consentimiento expreso a las aplicaciones para recolectar este tipo de información. Esta era solo una de las múltiples cesiones que los usuarios asumían en el momento de crear sus perfiles, un par de líneas de texto dentro de un inagotable y farragoso documento de términos de uso que todo el mundo aceptaba sin leer.

El usuario medio tiene entre ciento cincuenta y trescientos amigos. Bastaba con que un par de millones de personas cayesen en la trampa de Cambridge Analytica, para que los datos a capturar se multiplicasen hasta los trescientos millones de cuentas. Los directivos de la empresa estaban eufóricos. Hasta el momento se vanagloriaban de ser una firma capaz de acceder a una cantidad increíble de datos socio-políticos, los cuales eran convenientemente convertidos en un arma de influencia para el mejor postor. Su presidente se movía por todo el mundo realizando unas vistosas presentaciones sobre Cambridge Analytica, una «agencia de cambio del comportamiento»[78]. El punto central de su discurso era hacer referencia a lo que, hasta el momento, era su mayor historia de éxito: la isla de Trinidad y Tobago. En este pequeño país caribeño la empresa consiguió el perfil de un millón de personas, lo que supuso una poderosa palanca para poner en marcha durante 2009 una operación encubierta de desmovilización del voto entre los jóvenes. La firma británica creo una campaña llamada «Do So» («Hazlo») en el cual se animaba a los nuevos votantes a abstenerse como una forma de resistencia contra la clase política. Esta iniciativa aumentó la abstención hasta el 40%, lo suficiente para desequilibrar las opciones de los partidos políticos mejor

[77]  Stelter, B. (2021, noviembre 16). Steve Bannon's indictment is a reminder of the power of journalism. *CNN*. https://edition.cnn.com/2021/11/16/media/steve-bannon-reliable-sources/index.html
[78]  Amer, K., & Noujaim, J. (2019). *The Great Hack*. Netflix

posicionados en más de seis puntos[79]. Sin embargo, lo conseguido a través de la perversión de las investigaciones de Kosinski les situaba en otro nivel.

El poder moldea la ambición. Y los directivos de Cambridge no se conformaron con poner a disposición de los *brexiters* su enorme caudal de datos acerca de los resortes más íntimos del comportamiento de los votantes británicos. La presencia en su consejo directivo de Steve Bannon reorientó el interés de esta empresa por la incipiente campaña presidencial de Donald Trump. Cambridge Analytica disponía de un detallado perfil de más de 220 millones de estadounidenses, los cuales habían sido complementados con otros datos adquiridos a través de empresas de agregación de datos en Internet. El volumen de información que podía ser analizada era impresionante, aproximadamente unos 13 Terabytes, una cantidad que hubiese resultado inabarcable sino hubiesen contado con la posibilidad de subcontratar los servicios de procesamiento en la nube que ofrecía el gigante Amazon.

Este conocimiento granular del votante permitió elaborar múltiples mensajes adaptados a los rasgos específicos de la personalidad del destinatario de esta publicidad. Los paneles de investigación[80] de Cambridge Analytica identificaban, por ejemplo, que existían relaciones entre las actitudes y un efecto psicológico llamado «hipótesis del mundo justo». Un sesgo cognitivo que se traducía en la visión de la realidad como un espacio donde las cosas malas pasan «por un motivo». Las personas afectadas por este sesgo eran más propicias, por ejemplo, a culpar a la víctima en un hipotético escenario de ataque sexual. En un mundo que es justo, las cosas horribles no suceden por azar a la gente inocente, por tanto, debe de haber un fallo en la conducta de la víctima. Transferir la culpabilidad era un recurso habitual para las personas que se sentían angustiadas por las amenazas incontrolables del entorno. Cambridge Analytica intuyo que la hipótesis del mundo justo guardaba una especial relación con el sesgo racial. En un mundo regido por una especie de «contrapeso moral» las disparidades socioeconómicas no se producían de manera aleatoria. Si la pobreza estaba concentrada de manera muy evidente en un determinado colectivo, tal vez el motivo sería la responsabilidad de esas mismas personas que no habían querido aprovechar las oportunidades, o no se esforzaban lo suficiente para abandonar la miseria. Las creencias religiosas también contribuían a reforzar este diagnóstico: si existe un mundo justo se debe a que Dios recompensa con el éxito a la gente que sigue sus normas. En otras pala-

[79]  Escribano, M. (2019, noviembre 2) Todo empezó en Trinidad y Tobago: la estrategia para «aumentar la apatía» que ahora usa el PP se probó en ese país en 2010. *El Diario*. Rescatado de https://www.eldiario.es/tecnologia/aumentar-casado-cambridge-analytica-trinidad_1_1279632.html

[80]  Wylie, C. (2020). *Mindfck: Cambridge Analytica. La trama para desestabilizar el mundo*. Roca Editorial.

bras, la gente que vive correctamente no sufrirá por condiciones preexistentes y tendrá éxito en la vida, aunque sean negros.

Aplicando esta y otras premisas, la empresa empezó a personalizar sus mensajes, de tal forma, que un propietario de armas introvertido y preocupado por su seguridad recibía un anuncio distópico que mostraba un ladrón entrando a una casa durante la noche. Otro tipo de partidarios de las armas, más contemplativos y pacíficos, recibían un video lleno de nostalgia que mostraba a un niño y su padre cazando en un bello paraje. Sin embargo, su recurso más potente fue los anuncios destinados a desmovilizar el voto de la candidata demócrata Hillary Clinton. Un vecindario completo, el llamado «pequeño Haití» de Miami recibió anuncios específicos argumentando que la Fundación Clinton no hizo lo suficiente para apoyar al país caribeño después del devastador terremoto sufrido en 2010. Esta publicidad negativa no sólo se construía en función de las especificidades de pequeños grupos, si no que en ocasiones se elaboraba adaptada a un único destinatario[81].

La empresa británica terminaría muriendo de éxito. Su participación entre bambalinas en algunos de los procesos electorales con el resultado más desconcertantes de los últimos años puso a esta controvertida firma en el disparadero. Sus prácticas fueron rápidamente objetivo del escrutinio periodístico, pero también judicial. La sospecha de que sus directivos habían incurrido en prácticas delictivas llevó a sus responsables a disolver la empresa y tratar de adoptar un perfil bajo a la espera de que pasara la tormenta mediática. Sin embargo, Cambridge Analytica dejó tras de sí un preocupante legado: la constatación de que el uso de cantidades masivas de datos como herramienta de poder había dejado de ser una hipótesis para convertirse en un terreno de juego en el que todo tipo de actores se disponían a participar.

No resultaba muy difícil pensar en el daño que podría generar este potencial tecnológico en manos de actores sin escrúpulos. En palabras del ex CEO de Google Eric Schmidt: «si la Unión Soviética hubiera sido capaz de aprovechar el tipo de datos sofisticados de observación, recopilación y análisis que emplean hoy los líderes de Amazon, podría haber ganado la Guerra Fría»[82]. La capacidad de procesar la avalancha de datos que generamos y quedan registrados cada segundo de nuestras vidas ofrece una oportunidad sin precedentes a los aspirantes a autócratas. «Para nosotros, esto habría sido como un sueño hecho realidad»[83], reconoció en una entrevista Wolfgang Schmidt, un antiguo teniente coronel de la Stasi, la implacable

[81]  Husain, A. (2017). *The Sentient Machine: The Coming Age of Artificial Intelligence*. Scribner.

[82]  Allison, G. (2019, December 22). Is China Beating America to AI Supremacy? *The National Interest*. Recuperado de: https://nationalinterest.org/feature/china-beating-america-ai-supremacy-106861

[83]  Tegmark, M. (2017). *Vida 3.0: Ser humano en la era de la inteligencia artificial*. Taurus.

policía política de Alemania Oriental. Aunque se le suele atribuir el triste honor de haber creado el Estado de vigilancia más orwelliano de la historia, Schmidt lamentaba que la tecnología de la que dispuso en aquel momento le permitía únicamente espiar cuarenta teléfonos a la vez, de manera que para añadir a un nuevo ciudadano a la lista debía dejar de escuchar las conversaciones de otro. La incapacidad material de penetrar en una gran masa anónima era el gran escudo protector que había permitido mantener un mínimo espacio de privacidad incluso para los habitantes de un régimen totalitario. Por el contrario, en el presente un sistema político fundamentado en principios democráticos y de respeto a los derechos humanos tiene a su alcance unos mecanismos de control social que harían morir de envidia a la más represiva de las dictaduras analógicas.

El crecimiento exponencial de la información se considera a veces como una panacea que podría resolver todas nuestras limitaciones. Hablando de la ciencia económica, el premio nobel Paul Krugman definió, por ejemplo, la década de 1970 como un momento en el que generábamos «enormes cantidades de teoría aplicadas a cantidades extremadamente pequeñas de datos»[84] Por el contrario, Chris Anderson, editor de la influyente revista tecnológica *Wired* escribió que el volumen de datos que habíamos conseguido atesorar haría innecesaria la necesidad de una teoría, e incluso del método científico[85]. Por primera vez en la historia, la humanidad no sólo gozaba del acceso a una cantidad apabullante de información, sino de la capacidad de abarcar una imagen completa de la realidad. No sería necesario, por tanto, cubrir nuestras lagunas con conjeturas o recurrir a pequeñas muestras que sólo podían aspirar a proyectar una imagen imperfecta de nuestro mundo.

Algunos autores señalan, por ejemplo, que la capacidad para procesar cantidades masivas de datos terminará transformando la propia naturaleza de múltiples disciplinas como, por ejemplo, la medicina. En vez de ofrecer una hipótesis sobre lo que causa una enfermedad y luego pasar años en meticulosas pruebas médicas para comprobar si es correcta, algunos investigadores tendrán a su alcance cantidades inmensas de datos médicos ya existentes para buscar pautas que puedan entender los factores que contribuyen a la enfermedad. Se trataría de una forma inversa de hacer ciencia a la que todavía no estamos acostumbrados. Primero, los datos; después, la hipótesis[86].

El análisis computarizado es un claro ejemplo de auto-catálisis, donde el resultado de un proceso puede ser retroalimentado en el mismo proceso, estimulándolo.

[84] Silver, N. (2012). *The Signal and the Noise: Why So Many Predictions Fail – but Some Don't*. Penguin Group.

[85] Anderson, C. (2008). The End of Theory: The Data Deluge Makes the Scientific Method Obsolete, *Wired*. Recuperado de: https://www.wired.com/2008/06/pb-theory/

[86] Stevenson, M. (2011). *Un viaje optimista por el futuro*. Galaxia Gutenberg

Para explicar este cambio de paradigma, se recurre[87] a una curiosa analogía: la de la nanotecnología. El principio de esta disciplina es que cuando se llega al nivel molecular, las propiedades físicas pueden cambiar. Conocer esas nuevas características permite elaborar objetos para hacer nuevas cosas inimaginables no hace tanto tiempo: materiales inteligentes que se adaptan a los cambios en el entorno, y que combinan al mismo tiempo robustez y flexibilidad. Cuando aumentamos la escala de los datos con los que trabajamos, podemos hacer cosas nuevas que no eran posibles cuando trabajábamos con cantidades más pequeñas. Debido a que el llamado Big Data se basa en la totalidad de la información, o al menos en la mayor cantidad posible, eso permitiría examinar nuevos ámbitos de la realidad que hace poco tiempo eran inviables. Una de las áreas que supuestamente estaría siendo sacudida por este nuevo paradigma sería la ciencia social. A partir de ahora el tamaño de una población objeto de estudio (N) sería «todos». Se acabaría la primacía de los muestreos para recabar evidencias. Los datos se recopilarían de forma pasiva mientras las personas viven sus vidas sin tener la percepción de que están siendo estudiados, lo que eliminaría los posibles sesgos que desvirtúan los resultados. Para entender lo que las personas quieren realmente no basta con guiarse por lo que dicen. También se necesita un modelo detallado del mundo, que incluya las muchas preferencias que solemos dejar implícitas porque las consideramos obvias. Una vez que disponemos de esta referencia, podemos averiguar lo que las personas quieren, incluso, aunque no nos lo digan, basta con observar su comportamiento intencional.

Sin embargo, este tecno-utopismo perdió rápidamente impulso ante la tozuda realidad de las cifras no hablan por sí solas. Nosotros hablamos por ellas. La sobreabundancia de datos se ha convertido en una solución en busca de un problema.

## JUGAR AL AJEDREZ CON UN MARTILLO

Todos los datos que se generan a partir de nuestras interacciones en internet, tanto aquellos que facilitamos de manera consciente, como pueda ser un *like* a una fotografía del último viaje de un amigo, como aquellos otros que no, por ejemplo, el número de minutos (o segundos) que han transcurrido desde que volvimos a comprobar las notificaciones de nuestro teléfono móvil, todo ello habla de nuestra vida. Y esto no ha dejado de acrecentarse a medida que nuestra existencia se entremezcla con un entorno digital que no deja de producir y registrar información sobre nosotros.

---

[87] Mayer-Schönberger, V., & Cukier, K. (2013). *Big data: A revolution that will transform how we live, work, and think.* Houghton Mifflin Harcourt

Eso significa que, para un observador, ya no es necesario formular preguntas sobre nuestras preferencias o el porqué de nuestro comportamiento, simplemente se crean los algoritmos que se dedicaran a identificar pautas. El propio sistema puede revelar regularidades que de otro modo pasarían inadvertidas, incluso para nosotros mismos. El aprendizaje automático (*machine learning*) ha sido definido como «el método científico con esteroides»[88]. Sigue el mismo proceso de generar, probar, descartar o refinar hipótesis. Pero mientras que un científico puede pasarse toda la vida probando cientos de ellas, un sistema de aprendizaje automático puede hacer lo mismo en una fracción de segundo. El optimismo sobre las capacidades de este método automatizado parece no tener límites. Algunos autores han llegado a aventurar de que el algún momento podría generarse un único algoritmo de aprendizaje universal, un algoritmo maestro, el cual no sólo se habría convertido en el mayor logro científico de todos los tiempos, sino posiblemente en la última invención humana, ya que este se encargaría de manera autónoma de seguir haciendo avanzar las fronteras del conocimiento. Todo el saber —pasado, presente y futuro— podría obtenerse a partir de los datos desnudos.

Más allá de que este entusiasmo nos pueda parecer realista, el aprendizaje automático ha sido capaz de alcanzar logros impresionantes. Antes de la irrupción de la IA, el uso de la capacidad de computación informática en su versión más elemental ya había causado estragos en ámbitos que se consideraban eminentemente humanos como, por ejemplo, el ajedrez. Los primeros programas no necesitaban de la creatividad ni de la imaginación, sino que optaban por los mejores movimientos utilizando mera fuerza de cálculo. Su capacidad para procesar datos excede la del cerebro humano en varios órdenes de magnitud: un jugador profesional puede ver entre diez y quince jugadas por delante, pero los algoritmos de ajedrez son capaces de computar doscientos millones de posiciones por segundo. A diferencia de la mente humana que emplea la memoria, la experiencia acumulada y la intuición para adquirir una sofisticada comprensión del juego, el software no necesita «entender». Cada vez que su oponente coloca una pieza, el programa construye un árbol de búsqueda: sus ramas son los posibles futuros que surgen de esa configuración particular de piezas; las ramificaciones se multiplican hasta llegar al final de la partida, y el programa simplemente elige la mejor de las opciones. Cuando en 1997 el campeón mundial Gary Kasparov fue derrotado de manera pública por Deep Blue, el programa de ajedrez desarrollado por IBM, este se negó inicialmente a aceptar lo sucedido. Estaba convencido de que había «una mente humana dentro de la máquina» y no paraba de exigir a esta empresa que

---

[88] Domingos, P. (2015). *The Master Algorithm: How the Quest for the Ultimate Learning Machine Will Remake Our World*. Basic Books

le dieran acceso a las entrañas de Deep Blue[89]. Kasparov cayó en la depresión y tuvo que tomarse un año sabático. Todos los ajedrecistas del mundo terminaron aceptando lo obvio: cualquier programa informático, hasta lo más básicos, habían alcanzado una capacidad sobrehumana. Ante la pregunta de un periodista sobre cómo se prepararía para una partida contra un ordenador, el gran maestro Jan Hein Donner, no tuvo más remedio que reconocer: «me llevaría un martillo».

A partir de ese momento el ajedrez sólo seguiría teniendo sentido si se convertía en una actividad donde las maquinas quedaban apartadas por completo. Hasta los jugadores más sobresalientes utilizan los ordenadores a modo de entrenadores para seguir aprendiendo y mejorando su juego, pero cuando llega el momento de competir, el uso de sistemas informáticos se ha convertido en el equivalente ajedrecístico del dopaje químico en los deportes de fuerza y velocidad. Las competiciones de envergadura registran y escanean el escenario para evitar que ningún jugador puede valerse de la ayuda de una computadora. La mera sospecha de que un sistema informático esté actuando sobre el tablero es tan desestabilizador que explica lo que sucedió en 2022 cuando Magnus Carlsen, probablemente el mejor ajedrecista de la historia, se retiró por primera vez en su vida de un torneo, al sospechar que su rival, el estadounidense Hans Niemann, estaba haciendo trampas[90]. En redes sociales se desataría una tormenta de especulaciones, de la cual se alzaría como la hipótesis preferida la posibilidad de que el americano hubiese jugado ocultando en su recto un juguete sexual: unas perlas vibradoras que alguien accionaba desde la distancia para comunicarle a través de código morse la siguiente jugada dictada por una máquina.

A pesar del precedente ajedrecístico, eran muchos los que pensaban que eso no podría pasar con el Go, un juego de tablero de carácter estratégico que se originó en la antigua China hace más de 2.500 años. Su complejidad descomunal hacía que el método de la fuerza bruta fuese inviable, lo que lo convertía en la última línea de defensa frente a la arrogancia de los sistemas informatizados. Mientras que en una partida de ajedrez existen cerca de veinte posibilidades tras cada movimiento individual, en el Go hay más de doscientas; las partidas necesitan de promedio de cinco veces más movimientos para finalizar. Si tras los dos primeros movimientos del ajedrez existen cuatrocientos intercambios posibles; en el Go hay casi ciento treinta mil. Si se llegasen a contemplar todos los juegos que son teóricamente posibles —incluso aquellos que nunca ocurrirían en el mundo real, ya que un jugador los rechazaría por absurdos—, el número total desborda la comprensión

---

[89]  Labatut, B. (2023) *Maniac*. Anagrama.
[90]  Martín, A. (2022, 20 de septiembre). Terremoto en el tablero: unas trampas, dos abandonos y la gran polémica de la historia del ajedrez. *El Confidencial*. Recuperado de https://www.elconfidencial.com/deportes/2022-09-20/carlens-ajedrez-abandono-trampas-niemann_3493509/

humana, ya que excede de un gúgolplex. Se trata de una cifra que es físicamente imposible plasmar en su forma decimal completa, ya que para hacerlo necesitaríamos más espacio del que hay disponible en todo el universo. Las combinaciones posibles en Go arrojan una cifra tan vasta que no tienen un uso práctico en las matemáticas, el gúgolplex sólo se cita para ilustrar la diferencia entre un número inimaginablemente grande y el propio infinito.

A ello se suma el hecho de que, a diferencia del ajedrez, donde las piezas poseen un valor diferente, lo cual es una pauta muy útil para un sistema informático, en este juego todas las piezas (piedras) tienen la misma importancia. Su relevancia se explica a partir de su posición en el tablero y de su conexión con todas las demás piedras, así como con los múltiples espacios vacíos que hay a su alrededor. Distinguir si un movimiento es bueno o malo entra en el terreno de la subjetividad. Los grandes maestros de Go necesitan usar su instinto para decidir dónde colocar la próxima ficha, un proceso en el cual es tan importante la razón como las emociones.

Una filial de Google llamada DeepMind creyó que todos los límites computacionales que ofrecía el Go podían ser superados utilizando un enfoque de Inteligencia Artificial. Su programa, llamado AlphaGo utilizó el enfoque de las redes neuronales. El sistema se nutriría de todas las partidas sobre las que había registro. La primera versión del programa aprendió inicialmente a partir de datos de entrenamiento provenientes de 30 millones de encuentros entre jugadores humanos. Los propios creadores de este sistema fueron los primeros sorprendidos por la velocidad a la que se estaban produciendo los avances. El consenso general era que la resolución del desafío que suponía crear un sistema capaz de jugar con destreza a un juego tan enrevesado tardaría 10 años. A diferencia del ajedrez, donde existe un conjunto cerrado de normas, lo que supone un universo cerrado donde la máquina puede imponerse sin problemas a un humano, en este juego para lograr la victoria hay que crear e improvisar. Sin embargo, los responsables de DeepMind tuvieron que reconocer que habían pasado muy rápido del: «vamos a ver lo bien que funciona esto» al «parece que tenemos un jugador muy fuerte entre manos», hasta llegar al «este jugador ha llegado a ser tan fuerte que probablemente sólo un campeón del mundo puede encontrar sus límites»[91]. En marzo de 2016 AlphaGo derrotaría de manera abrumadora al mayor campeón del mundo de este juego, el coreano Lee Sedol. La dramática caída de este ídolo se seguiría con estupefacción en países como Japón, China y la propia Corea.

[91] Chivers, T. (2019). *The AI Does Not Hate You: Superintelligence, Rationality and the Race to Save the World*. Weidenfeld & Nicolson

DeepMind no se conformó con esta hazaña y apostaron a que su sistema podía ser aún mejor en este juego. Los datos pueden ser una limitación importante para aplicaciones en las que existen grandes conjuntos de ellos, o donde se han agotado la información disponible para poder seguir perfeccionando y haciendo más sofisticado un sistema. En tales situaciones los investigadores recurren a «datos sintéticos»[92] creados mediante simulaciones informáticas. La versión más avanzada, llamada Zero en alusión al punto de partida a partir del cual empezaría a aprender, no utilizó datos de entrenamiento de partidas humanas, sino que aprendió jugando contra sí misma durante 4,9 millones de partidas. Este sistema sólo requirió de 4 horas de autoaprendizaje, sin acceso a libros de apertura o bases de datos humanas externas. El sistema fue capaz de adquirir toda la información que había costado a la humanidad desarrollar durante miles de años en unas pocas horas, compitiendo contra sí mismo a lo largo de millones de partidas y desarrollando cada vez redes neuronales más complejas[93]. Al principio ejecutaba movimientos al azar, completamente irracionales, pero en un abrir y cerrar de ojos evolucionó hasta ser imbatible. No sólo derrotó a los campeones del momento, sino a la versión anterior del mismo sistema de inteligencia artificial que ya había ganado de manera abrumadora a los principales campeones. Una vez descubierta la vía para que un algoritmo puede trazar su propio aprendizaje, se podía replicar este esquema en cualquier otra situación. Después de crear AlphaZero, DeepMind utilizó el aprendizaje por refuerzo como parte de un programa llamado AlphaStar, lo que le permitió alcanzar el estatus de gran maestro en el videojuego de estrategia llamado Starcraft II. Este juego de ordenador requiere más decisiones que el Go, se desarrolla en tiempo real en lugar de en turnos ordenados y además ofrece información imperfecta: los jugadores no ven todos los movimientos de sus oponentes y éstos pueden engañarse unos a otros, lo que le convierte en un juego mucho más cercano a la realidad que cualquier otro contexto de simulación[94]. Si todo eso se pudo lograr sin una aportación de datos, resulta sobrecogedor pensar cómo se podría acelerar el proceso nutriendo a estos sistemas de aprendizaje de las cantidades masivas de información de las que disponemos sobre cualquier aspecto de nuestras vidas.

---

[92] Scharre, P., & Horowitz, M. (2018). *Artificial Intelligence: What Every Policymaker Needs to Know*. Center for a New American Security.
[93] Rodríguez, P. R. (2018). *Inteligencia artificial*. Deusto.
[94] Buchanan, B. (2020). *The AI Triad and What It Means for National Security Strategy*. Center for Security and Emerging Technology

## INDIGESTIÓN DE DATOS

La abrumadora superioridad de la inteligencia artificial en un juego donde se pensaba que existía una clara ventaja para la mente humana fue interpretada como otro momento «Sputnik». Otra conmoción como la que causó en Estados Unidos la noticia de que la Unión Soviética había conseguido coronar un importantísimo logro en la carrera espacial: poner en órbita el primer satélite. Edward Teller, el padre de la bomba de hidrógeno, lo llamó «la mayor derrota para Estados Unidos desde Pearl Harbor». El senador Mike Mansfield advirtió: «Lo que está en juego es nada menos que nuestra supervivencia»[95]. Pero los soviéticos fueron aún más lejos, sólo cuatro años más tarde, Yuri Gagarin se convirtió en la primera persona en orbitar la Tierra. ¿Cómo contraatacó Estados Unidos? Con dinero. Con montañas de dinero. Unos meses más tarde, el presidente Kennedy anunció la creación del programa Apolo, al que dedicó el 2,2 por ciento del PIB del país. Ocho años después, Neil Armstrong se convertiría en el primer hombre que dejaba sus huellas en la superficie lunar.

Nada acelera más el desarrollo tecnológico que la disponibilidad inagotable de recursos. Este nuevo Sputnik ha originado una movilización similar de grandes cantidades de capital. Sin embargo, el número de aludidos por esta noticia ha aumentado. Son varios los países que consideraban que corren el riesgo de quedarse descolgados de la economía del futuro si no vuelcan todos sus esfuerzos en este nuevo espacio de competición. Vladimir Putin pontificó que «la nación que domine los avances en inteligencia artificial gobernará el mundo»[96]. Sin embargo, sería en China donde se produciría una reacción más decidida. La dramática derrota del campeón Lee Sedol fue seguida por más de 280 millones de espectadores. De la noche a la mañana, el país se sumió en la fiebre de una nueva tecnología. Su gobierno anunció un ambicioso plan para crear capacidades suficientes para China alcanzase el año 2030 convertida en la campeona mundial[97].

Resulta difícil imaginar ámbitos de la vida que no se vean afectados por la IA de una u otra manera, pero donde puede intuirse un cambio radical es en cómo afectará a nuestra toma de decisiones[98]. La velocidad será un primer límite para que los humanos tengamos algún protagonismo. Aquellos ámbitos que exijan

95  Diamandis, P. H., & Kotler, S. (2021). *El futuro va más rápido de lo que crees: Cómo la convergencia tecnológica está transformando las empresas, la economía y nuestras vidas*. Deusto.

96  Whoever Leads in Artificial Intelligence Will Rule the World, Says Vladimir Putin. (2017, 4 septiembre). *Fortune*. https://fortune.com/2017/09/04/ai-artificial-intelligence-putin-rule-world/

97  Lee, K. F. (2018). *AI Superpowers: China*. Sinovation Ventures.

98  Duan, Y., Edwards, J. S., & Dwivedi, Y. K. (2019). Artificial intelligence for decision making in the era of Big Data—Evolution, challenges and research agenda. *International Journal of Information Management*, 48, 63–71

una respuesta inmediata forzaran a las personas a «salir del bucle». Por otro lado, las nuevas herramientas nos proporcionaran consejos que son objetivamente correctos, pero donde será muy difícil de entender cuál ha sido el recorrido de estos sistemas automatizados hasta llegar a esa conclusión. La competición con las máquinas tampoco será fácil. Los humanos tendrán que ser cada vez más explícitos sobre cuales son su marcos mentales e intereses en juego para justificar las correspondientes discrepancias entre sus recomendaciones y aquellas que provienen del análisis «objetivo» de una IA. Así pues, no sólo estarán fuera del circuito en un número cada vez mayor de entornos de toma de decisiones, sino que también estarán forzados a aceptar recomendaciones formuladas a partir de un volumen tan inmenso de datos y un razonamiento que difícilmente podrá ser entendible.

Es inevitable pensar en la película de 2002 *Minority Report*, basada en una obra de ciencia ficción de Philip K Dick. En este relato, unos mutantes llamados *precogs* tienen la capacidad extraordinaria de detectar las intenciones hostiles de los individuos antes de que se materialice el crimen que pretenden cometer. La policía acepta las advertencias de estos extraños sujetos sin entender realmente como llegan á ellas. Sin embargo, confían en su incuestionable nivel de acierto absoluto, incluso cuando sus predicciones son absolutamente desconcertantes. Sin llegar al extremo de la película, un escenario similar se está empezando a materializar en algunas ciudades donde los sistemas de IA cumplen la misma función que los misteriosos *precogs*. La policía de Los Ángeles afirma haber reducido los robos en un 33% y los delitos violentos en un 21% gracias a la actuación policial predictiva basada en IA. En Reino Unido, se creó PredPol, una plataforma policial predictiva basada en los datos proporcionados principalmente en las denuncias anónimas de las víctimas. Por no hablar del distópico sistema de crédito social chino, quizá el sistema más extenso e intrusivo del mundo de vigilancia y el control social.

Sin embargo, la opacidad es la faceta más problemática del recurso al aprendizaje automático. En principio, la gran ventaja de esta herramienta es que la falta de injerencia humana da vía libre a que la máquina adopte estrategias creativas que una persona no hubiese sido capaz de intuir. Los datos son la única guía de estos algoritmos, y el grado de consecución del objetivo marcado es el criterio absoluto que se emplea para juzgar su éxito o fracaso. El problema reside en que, aunque los resultados sean óptimos, el camino seguido por la IA puede resultar ininteligible para un observador externo, incapaz de comprender el recorrido que ha seguido la máquina. Esto es un problema mayúsculo. Por un lado, el aprendizaje profundo puede ocultar toda una serie de sesgos, que se traducen en decisiones de gran impacto. Pero, también, cabe el riesgo de que se estén validando como eficaces herramientas defectuosas que aparentemente son capaces de cumplir el objetivo para el que fueron diseñadas.

Uno de los casos más célebres de aparentes ciertos que no dejan de ser una sucesión de falsos positivos se produjo con una herramienta de predicción lanzada por Google en 2008. Según los ingenieros de esta empresa, era posible adelantarse a los estallidos infecciosos ocasionados por la gripe a partir de las búsquedas que realizaban los internautas a través de su navegador. Sus responsables publicaron un artículo en la prestigiosa revista *Nature*[99] firmado conjuntamente por Google e investigadores del Centro para el Control y la Prevención de Enfermedades de EEUU (CDC). El proyecto *Flu Trends* había anticipado un brote que las autoridades sanitarias de Estados Unidos tardarían varias semanas en poder confirmar. El gigante tecnológico podía relacionar millones de búsquedas del tipo «síntomas gripe», «virus gripe», etcétera, para decirnos casi al instante si habría colas en las urgencias en determinado punto del país. «Desde un punto de vista tecnológico, es solo el comienzo»[100], afirmó el presidente de Google, Eric Schmidt, sin ocultar su satisfacción.

Al siguiente año lanzó una nueva alarma, en este caso más grave, sin embargo, cuando llegaron los datos de infecciones estos mostraron que las estimaciones de Google eran exageradas, en ocasiones, el doble de las efectivamente registradas. ¿Dónde estaba el problema? En primer lugar, los responsables del proyecto realmente desconocían cuales eran las relaciones que se establecían entre los términos de búsqueda y la propagación de la gripe. Los ingenieros de Google no intentaban averiguar qué causaba qué. Se limitaban a reconocer patrones estadísticos en los datos, que es lo que hacían los algoritmos. Cuando estos trataron de conocer algo más, descubrieron algunas correlaciones claramente espurias. Por ejemplo, los casos de gripe estaban coincidiendo en el tiempo con búsquedas de «baloncesto en el instituto», y la razón era tan simple como el hecho de que tanto la enfermedad, como los partidos estudiantiles daban comienzo a mediados del mes de noviembre. *Flu Trends* era en parte un detector de la gripe y en parte un detector del invierno, y esto fue un enorme problema cuando en el verano de 2009 se produjo un brote de gripe estival. El algoritmo sólo buscaba señales del inicio del invierno y por tanto era incapaz de ver que cualquier rebrote fuera de esta estación[101].

El intento de comprensión de lo que sucede en el interior de esta caja negra tecnológica se ha convertido en una de las líneas de investigación más importan-

[99] Ginsberg, J., Mohebbi, M., Patel, R., Brammer, L., Smolinski, M. S., & Brilliant, L. (2009). Detecting influenza epidemics using search engine query data, *Nature*, 457, 1012–10141

[100] Redacción EC (2014, marzo 27). Fallo de Google Flu Trends muestra las flaquezas del Big Data. *El Comercio*. Recuperado de https://elcomercio.pe/tecnologia/empresas/fallo-google-flu-trends-flaquezas-big-data-304885-noticia/

[101] Harford, T. (2021). *10 reglas para comprender el mundo: Cómo los números pueden explicar (y mejorar) lo que sucede*. Conecta

tes en el campo de la inteligencia artificial. Los resultados nos lanzan una serie de importantes advertencias antes de abrazar el aprendizaje profundo como la supuesta solución a nuestros problemas de análisis más desafiantes.

Para entender mejor el proceso de toma de decisiones, algunos investigadores han desarrollado nuevas formas de observar lo que las máquinas «ven» cuando toman decisiones. El informático Carlos Guestrin y sus colegas desarrollaron un método simple[102] para que un algoritmo decidiese cual era la estrategia más eficaz para discriminar entre imágenes. El objetivo era que este aprendiese de manera autónoma a diferenciar un perro de raza husky de un lobo. El algoritmo mostró un nivel de eficacia muy prometedor. En el 70% de los casos era capaz de discriminar ambas especies a pesar de su considerable parecido. Sin embargo, en su experimento quisieron ir más allá y analizaron qué información utilizaba en cada imagen para establecer dicha distinción. A priori parecía lógico que hubiese aprendido a identificar aquellos rasgos que caracterizaban a unos animales frente a otros. Sin embargo, este no prestó atención al hocico, los ojos, el pelaje o cualquiera de las características morfológicas a las que una persona recurriría para distinguir un husky de un lobo. En su lugar, centró su atención en algo que no tenía que ver con los animales, sino con el contexto en el cual estos se mostraban. La máquina aprendió que las imágenes de lobos, pero no las de huskys, solían estar tomadas en la nieve, y aprovechó esta diferencia para fundamentar sus decisiones.

Este pequeño experimento fue tremendamente útil para poner de relieve una importante limitación de los procesos de aprendizaje profundo. No sólo su eficacia percibida, sino su capacidad de aprender de manera correcta está vinculada a los datos que emplea para adoptar sus propias reglas. Un conjunto de datos que presente un sesgo de selección, imprecisiones o cualquier otro tipo de corrupción llevará inevitablemente a un aprendizaje defectuoso. Sin embargo, en la mayor parte de los casos no somos conscientes de que esa corrupción analítica está presente en la máquina, especialmente cuando arroja lo que parece ser un acierto genuino.

Uno de los ámbitos donde parece que existe más unanimidad sobre la capacidad de sobrepasar la capacidad humana se da en los sistemas de diagnóstico médico basados en imágenes. Los sistemas de aprendizaje profundo pueden adquirir en horas una experiencia que sobrepasa la cantidad que podría adquirir el mejor radiólogo o dermatólogo a lo largo de una larga e intensidad vida profesional. En el año 2016, el informático británico Geoffrey Hinton, al que se conoce popularmente como el «padrino» de la inteligencia artificial, no tuvo problema en afirmar: «Si

[102] Ribeiro, M. T., S. Singh, and C. Guestrin. »'Why Should I Trust You?' Explaining the Predictions of any Classifier.» *Proceedings of the 22nd ACM SIGKDD International Conference on Knowledge Discovery and Data Mining*, San Francisco, August 2016.

trabajas de radiólogo, eres como el Coyote de los dibujos animados en el momento que ha sobrepasado el acantilado, pero todavía no ha mirado hacia abajo. Deberíamos dejar de formar nuevos radiólogos de inmediato, ¡ya que es completamente obvio que dentro de cinco años la IA diagnosticará mejor que ellos!»[103].

Sin embargo, no debería extrañarnos algunos sucesos como el descrito por Janelle Shane en su libro *You Look Like a Thing and I Love You*[104]: un algoritmo al que le mostraron imágenes de piel sana y cáncer de piel. El algoritmo reconoció el patrón: si en la fotografía aparecía una regla midiendo el tamaño de la mancha, se trataba de cáncer. Si no sabemos por qué un algoritmo hace lo que hace, podemos terminar confiando nuestra vida a un detector de reglas[105].

Unas de las principales vulnerabilidades de los sistemas basados en *Machine Learnig* es que su conducta está moldeada por el tipo de datos que asimila durante el aprendizaje[106]. El resultado final está fuertemente condicionado por esta primera fase, donde se asimilan regularidades y expectativas de comportamiento. El peligro reside, por tanto, en que esta «dieta» inicial pueda estar «contaminada», lo que provocará en el sistema un comportamiento anómalo o indeseable. Uno de los ejemplos más ilustrativos procede del experimento llevado a cabo por el *chatbot* de Microsoft llamado Tay, el cual imitaba a una chica norteamericana de 19 años, simulando sus reacciones y modo de emplear el lenguaje. Antes de su lanzamiento público en forma de un perfil de la red social Twitter, el sistema de conversación había sido testado en un entorno controlado, sin que generase ninguna alarma. Sin embargo, veinticuatro horas después de su puesta en marcha, se convirtió en una especie de monstruo misógino y racista que tuvo que ser rápidamente desconectado[107]. Este sorprendente desenlace se explica por el tipo de interacciones humanas que experimentó en sus primeras horas de «vida». Un grupo de internautas aprovecharon la llegada de Tay a las redes sociales, para «trolear» el proyecto de Microsoft a través de una serie de preguntas y comentarios plagados de expresiones soeces y contenidos abyectos. La IA asimiló como una norma lo que era la excepción y fue moldeando sus registros para adaptarse al lenguaje, las

---

[103] Sala i Martín, X. (2023) *De la sabana a Marte. La economía de la inteligencia natural*. Conecta.

[104] Shane, J. (2019). *You Look Like a Thing and I Love You: How Artificial Intelligence Works and Why It's Making the World a Weirder Place*. Little, Brown

[105] Harford, T. (2021). *10 reglas para comprender el mundo: Cómo los números pueden explicar (y mejorar) lo que sucede*. Conecta

[106] Osoba, O. A., & Welser IV, W. (2017). *An Intelligence in Our Image. The Risks of Bias and Errors in Artificial Intelligence*. Rand Corporation. Recuperado el 07 de mayo de 2018, de https://www.rand.org/content/dam/rand/pubs/research_reports/RR1700/RR1744/RAND_RR1744.pdf

[107] Metz, R. (2016, 24 de marzo). Why Microsoft Accidentally Unleashed a Neo-Nazi Sexbot. *MIT Technology Review*. Recuperado el 07 de mayo de 2018, de https://www.technologyreview.com/s/601111/why-microsoft-accidentally-unleashed-a-neo-nazi-sexbot/

expresiones y los temas mayoritarios en sus primeras experiencias con humanos. Bastó unas pocas horas de interacción con humanos para que la encantadora y algo simple Tay se convirtiese en la autora de este tweet: «Bush perpetró el 11S y Hitler habría hecho un trabajo mejor que el mono [Barack Obama] que tenemos ahora»[108].

A pesar de que la mayor parte de las empresas de IA se empeñan en mantener en secreto el origen de los datos a partir de los cuales aprenden sus modelos, el llamado «corpus de entrenamiento», la indagación de algunos investigadores ha permitido tener una idea aproximada de donde proceden estos recursos. No resulta sorprendente que encontremos todo tipo de textos extraídos de internet, libros de dominio público y artículos de investigación, así como otras fuentes diversas y gratuitas de contenidos. Pero si examinamos con mayor detalle esas fuentes encontraremos algunos materiales desconcertantes. Por ejemplo, se ha constatado que en numerosas IAs se haya toda la base de datos de e-mails de la compañía estadunidense Enron, la cual terminaría por disolverse tras un monumental fraude empresarial. El intercambio de mensajes entre sus empleados ha sido utilizado para alimentar los modelos de lenguaje por la simple razón de que suponía un volumen inmenso de datos y estaban colgados de manera libre y gratuita como consecuencia del procedo judicial al que fue sometida la empresa energética[109]. La abundancia y disponibilidad de los datos termina siendo el elemento determinante a la hora de seleccionar que quedará dentro y que fuera. Los creadores de estos modelos les encantarían que sus creaciones se alimentasen en exclusiva de los artículos publicados en la revista *Nature* y cualquier otra publicación que se encuentre en el olimpo de la calidad científica, sin embargo, por cada artículo académico, las IAs leen cientos de novelas románticas autopublicadas, por la sencilla razón de las empresas sedientas de información, se están quedando sin recursos buenos y gratuitos, y tienen que recurrir a lo que queda. Se estima que los datos de alta calidad, como los libros online y los artículos académicos, se habrán agotado a la altura de 2026[110]. Pero por mucha que crezca la afición a escribir tórridos romances, los datos de baja calidad también se acabarán. Un posible remedio sería que los modelos se entrenasen con el propio contenido que ellos mismos han generado, como sucedió en el caso de los programas informáticos que jugaban al ajedrez o a otros juegos. Si esto sucede, será inevitable que los sesgos, errores y falsedades que los modelos de leguaje ya habían interiorizado en su fase de «aprendizaje con

[108] Malvar, A. (2017, agosto 12). Inteligencia Artificial en internet: ¿Qué fue de Tay, la robot de Microsoft que se volvió nazi y machista? *Público*. https://www.publico.es/ciencias/inteligencia-artificial-internet-tay-robot-microsoft-nazi-machista.html

[109] Mollick, E. (2024) *Cointeligencia: vivir y trabajar con la IA*, Conecta.

[110] *Idem.*

humanos» se perpetúen y refuercen a medida que aparecen una y otra vez en los aprendizajes futuros.

Pero el entrenamiento de la IA con datos «problemáticos» también puede ser el objetivo deseado por sus creadores. En 2022, un *YouTuber* publicó[111] un vídeo en el que explica cómo alimentó un modelo de lenguaje al que bautizó como «GPT-4chan», con más 3.3 millones de publicaciones procedentes de 4chan, un foro online repleto de los contenidos más extremos relacionados con el discurso de odio, racismo, sexismo, antisemitismo y cualquier otro contenido ofensivo que uno pueda imaginar. Este sistema se creó ajustando el modelo de lenguaje de código abierto GPT-J. Una vez moldeado por el profesor más despreciable de internet, el diseñador soltó a la inteligencia artificial en un directorio de ese mismo foro denominado «Políticamente incorrecto» donde interactuó con los usuarios y publicó más de 30.000 mensajes en un par de días. El propósito era llevar a cabo una de las típicas bromas de Youtube creando el modelo conversacional «más horrible de internet». Sin embargo, tendría que reconocer que era sorprendentemente eficaz y reproducía a la perfección el tono de los mensajes de 4chan: «Encapsulaba a la perfección la mezcla de ofensividad, nihilismo, trolling y profunda desconfianza hacia cualquier tipo de información».

El acceso a mejores datos de entrenamiento junto con una estricta vigilancia sobre el respeto a los estándares éticos en la investigación científica, en principio, debería reducir el riesgo de obtener resultados defectuosos, sin embargo, el problema se haya en la propia naturaleza de los llamados modelos de lenguaje de gran tamaño o LLM (siglas en inglés para Large Language Model). Incluso cuando estos modelos se entrenan con datos perfectamente precisos, pueden dar respuestas diferentes e incluso contradictorias a la misma pregunta simplemente porque son máquinas de predicción que operan en un mundo probabilístico. Los LMM no son unas meras bases de datos de tamaño colosal que almacenan información. El mecanismo por el que aprenden y generan resultados y su capacidad para asociar ideas y conceptos que pueden no haberse asociado antes, hace que sus resultados no puedan controlarse, ni siquiera con información impecable. El problema no es solo que las plataformas de IA generativa a veces se equivocan, sino que también «alucinan», es decir, se inventan cosas. Por ejemplo, un LLM al que se le pidió que escribiera un artículo sobre la inflación no sólo produjo el artículo, sino que concluyó con una lista de lecturas adicionales que incluía cinco artículos y libros que no existían[112]. El director de la Oficia de Tecnología de la CIA reconocía que las

[111] Gault, M, (2022, junio 7) AI Trained on 4Chan Becomes 'Hate Speech Machine'. *Vice*. Recuperado de https://www.vice.com/en/article/7k8zwx/ai-trained-on-4chan-becomes-hate-speech-machine
[112] Manyika, J., & Spence, M. (2023). The Coming AI Economic Revolution. *Foreign Affairs*, 102(6), 70-86.

tendencias alucinatorias de estos modelos hacia recomendable tratarlos como a un «amigo loco y borracho»: capaces de gran perspicacia y creatividad, pero también propensos todo tipo de sesgos y mentiras[113].

El aprendizaje profundo siempre encierra sorpresas desagradables. Estos es algo que produce una enorme inquietud a las empresas que lanzan nuevos productos y servicios basados en IA, ya que son incapaces de detectarlos hasta que ese producto ha empezado a ser utilizado de manera generalizada por una amplia base de usuarios. En 2015, un desarrollador de software de raza negra denunció en redes sociales que *Google Fotos* le etiquetó a él y a sus amigos como «gorilas». La compañía no consiguió eliminar de manera efectiva este sesgo racista de un servicio de identificación automatizada del contenido de las fotografías, el cual funcionaba generalmente bien, pero cuyas desviaciones eran fácilmente traducibles en una pesadilla de relaciones públicas. La empresa optaría por eliminar definitivamente de su buscador de imágenes la posibilidad de «buscar primates visualmente por miedo a cometer un error ofensivo y etiquetar a una persona como animal»[114].

Los grandes impulsores de la IA han descubierto que no basta con ser conscientes del problema de como estos sistemas reproducen y generan nuevos sesgos, sino que tomar medidas preventivas sólo sirve para generar nuevos problemas. Google intentó corregir este tipo de resultados sesgados introduciendo en el sistema de aprendizaje lo que se conoce como una «inclusión sintética». Se trata de una directriz para que su algoritmo generase resultados más diversos e inclusivos con respecto a los distintos grupos raciales, géneros sexuales y cualquiera otra categoría que pudiese quedar infrarrepresentada o ignorada cuando la maquina se dedica a aprender en solitario. El resultado fue que cuando lanzó en 2024 su nuevo modelo de inteligencia artificial llamado Gemini, este terminó eclipsado por una de estas sorpresas desagradables. Las redes sociales se llenaron al poco tiempo de los desconcertantes resultados arrojados por este sistema cuando se le pedía que diseñase una imagen de soldados nazis. Gemini trataba de evitar la sobrerrepresentación de hombres blancos europeos en sus imágenes y para ello vistió con atuendos de la Wehrmacht a combatientes negros, mujeres asiáticas, y todo tipo de identidades que estaban ausentes en la base de datos de imágenes sobre el III Reich del cual el sistema había estado aprendiendo. Al final, la empresa se disculpó por las «inexactitudes en algunas representaciones históricas» y puso en pausa la capacidad de Gemini para generar imágenes representado a humanos.

---

[113] Bajak, F. (2024, mayo 23). US intelligence agencies' embrace of generative AI is at once wary and urgent. *AP News*. https://apnews.com/article/us-intelligence-services-ai-models-9471 e8c5703306eb29f6c971b6923187

[114] Roosevelt, F. (2024, febrero 27). Google Gemini: How a Search Engine Became a Diverse Nazi Hunter. *The Atlantic*

Los investigadores sobre IA han terminado por reconocer que la corrección de los sesgos es uno de esos problemas que no saben cómo solucionar. Los modelos son tan complejos que ni siquiera sus creadores con capaces de entender por qué han tomado ciertas decisiones. Sin embargo, el endiablado ritmo de innovación al que están obligados ha llevado a muchas de estas empresas a optar por aparcar estas disfunciones cada vez que se manifiestan, deshabilitando servicios y funciones de sus sistemas en vez de corregirlos, y seguir avanzando, aunque eso suponga seguir cimentando los nuevos adelantos sobre una base plagada de errores que no somos capaces de entender[115].

## LA MÁQUINA ENLOQUECIÓ

En 2021, un general israelí publicó bajo pseudónimo un libro titulado *The Human-Machine Team*[116], en el que describía la intervención humana en la conducción de la guerra como un «cuello de botella» que limita la capacidad del ejército durante las operaciones: «Nosotros no podemos procesar tanta información. No importa cuántas personas tengas encargadas de producir objetivos durante la guerra: seguirás sin poder producir los suficientes». La solución a este problema se encontraba en la inteligencia artificial, la cual haría posible automatizar el proceso. «Cuanta más información y más variada, mejor», escribía este alto mando. «Información visual, información del móvil, conexiones en redes sociales, información del campo de batalla, contactos telefónicos, fotos». Aunque en un principio, serían los humanos los encargados de proporcionar a la máquina todos estos inputs, con el tiempo el sistema lograría identificarlos por sí sola, reservando a los hombres la decisión última de si proceder o no a atacar. Dos años después de la publicación de esta obra tuvieron lugar los atentados del 7 de octubre contra comunidades del sur de Israel y los asistentes a un festival de música al aire libre. Militantes palestinos liderados por la organización terrorista Hamas protagonizaron un traumático asalto contra militares y civiles matando de manera brutal a unas 1.200 personas y secuestrando a 240. Este atentado fue interpretado como el «11-S israelí», un evento traumático que modificó radicalmente su percepción de seguridad y, sobre todo, pulverizó los límites que hasta el momento el gobierno había asumido a la hora de confrontar a Hamas y otros enemigos.

La estrategia contraterrorista israelí se había basado en buena medida en el asesino selectivo de miembros de alto valor. En el ejército, el término «objetivo humano» se utilizaba para designar a líderes operativos de estos grupos, cuya

[115] Olson, P. (2024). *Supremacy: AI, ChatGPT, and the Race that Will Change the World*. St. Martin's Press.
[116] S, B.Y., & S, Y. (2021). *The Human-Machine Team: How to create synergy between human and Artificial Intelligence that will revolutionize our world*. Independently Published.

relevancia justificaba, según las normas del Departamento de Derecho Internacional, que pudiesen ser asesinado cuando se presentase la oportunidad, incluso en aquellos supuestos donde hubiese civiles alrededor. Debido a la alta probabilidad de causar bajas colaterales, esos objetivos se marcaban de manera muy selectiva para mantener el principio de proporcionalidad. Sin embargo, los atentados del 7 de octubre lo cambiaron todo. Se acabó la perspectiva de que Hamas era un problema con el que se podía convivir, para pasar a otra donde se buscaba su completa erradicación[117]. En el marco de la «Operación Espadas de Hierro», el ejército designó a todos los operativos del ala militar de Hamás como «objetivos humanos», independientemente de su rango o importancia militar. Pero la nueva política también planteaba un problema organizativo a la inteligencia israelí. Hasta el momento, para autorizar un solo asesinato, un oficial tenía que pasar por un complejo y largo proceso de «incriminación»: cotejar pruebas de que la persona era efectivamente un miembro de alto valor dentro de la organización terrorista, averiguar dónde vivía y en qué momento podría ser alcanzado. Cuando la «kill list» contaba con unas pocas docenas de nombres, el personal de inteligencia podía encargarse individualmente del trabajo que suponía incriminarlos y localizarlos. Sin embargo, una vez que la lista se amplió para incluir a las decenas de miles de operativos que integraban los diversos escalones y funciones de una organización como Hamas, asentada en el territorio y encargada de gestionar un territorio ocupado por más de 2 millones de personas, el encargo era inasumible. Sólo cabía externalizar ese trabajo a un software automatizado. Esta posibilidad había dejado de ser un futurible para convertirse en una capacidad real que había sido desarrollada por el misterioso autor de libro *The Human-Machine Team*. El Brigadier General Y.S era el responsable de la Unidad 8200, la principal organización de inteligencia del ejército israelí, encargada de la captación de señales y el empleo bélico del ciberespacio. Esta unidad había desarrollado un programa conocido como «Lavender» cuyo objetivo era marcar a todos los presuntos operativos de los brazos militares de Hamás y la Yihad Islámica Palestina, incluidos los de bajo rango. Los militares israelíes quedaron a un lado mientras que el sistema procesaba la información para establecer los patrones de identificación de cualquier persona que estuviese relacionada con el grupo. «No sabíamos quiénes eran los agentes subalternos, porque Israel no los rastreaba de forma rutinaria»[118], señaló un oficial israelí. La generación de objetivos «se volvió loca». Los 2,3 millones de residentes de Gaza

---

[117] Torres Soriano, M. R. (2023, 18 noviembre). Israel tenía asumido un conflicto crónico con Hamás. La brutalidad lo cambió todo. *El Confidencial*. https://blogs.elconfidencial.com/mundo/tribuna-internacional/2023-11-18/israel-conflicto-cronico-hamas-gaza-brutalidad_3776124/

[118] Abraham, Y. (2024, 3 abril). 'Lavender': The AI machine directing Israel's bombing spree in Gaza. *+972 Magazine*. https://www.972mag.com/lavender-ai-israeli-army-gaza/

fueron sometidos a una evaluación basada en cientos de indicadores, como la pertenencia a un grupo de *Whatsapp* donde hubiese un militante conocido de Hamas, cambiar de teléfono móvil cada poco tiempo o modificar la residencia con frecuencia. La máquina etiquetó a casi todas las personas de Gaza con una calificación del 1 al 100, expresando la probabilidad de que sean militantes. 37000 palestinos fueron señalados por Lavander como objetivos para los bombardeos. El personal de inteligencia comprobó «manualmente» la precisión de una selección aleatoria de varios cientos fijados por el sistema. Cuando esa muestra determinó que los resultados habían alcanzado el 90 por ciento de precisión en la identificación de la afiliación de un individuo con Hamás, el ejército consideró que el resultado era lo suficientemente bueno y autorizó su uso generalizado. Se desechó la «política de cero errores». Era inevitable que algunas identificaciones fuesen falsos positivos, pero estos errores se tratarían como meras desviaciones «aunque no se supiera con seguridad que la máquina estaba bien, se sabía que estadísticamente estaba bien. Así que vas a por ella»[119].

El único protocolo de supervisión humana que se aplicaba antes de bombardear las casas de los militantes «menores» consistía en asegurarse de que el objetivo seleccionado por la IA fuera un hombre y no una mujer. Se asumía que, si era una mujer, lo más probable era que la máquina hubiera cometido un error, porque presuntamente no había mujeres entre las filas de las alas militares de Hamás y la Yihad Islámica. A partir de ese momento, si Lavender decidía que un individuo era un terrorista, se les pedía esencialmente que lo trataran como una orden, sin ningún requisito de comprobar independientemente por qué la máquina había hecho esa elección o de examinar los datos de inteligencia brutos en los que se basaba. Los humanos se limitarían a «sellar» las decisiones adoptadas por la máquina. Cada asesinato se despachó en unos 20 segundos. Tampoco tenía demasiado sentido cuestionar la precisión de la máquina una vez que se había asumido que, por cada agente subalterno de Hamás marcado por Lavender, estaba permitido matar hasta 15 o 20 civiles; en el caso de que el objetivo fuese un alto cargo con rango de comandante de batallón o brigada, el ejército autorizaba la muerte de más de 100 civiles si ello era necesario para destruir el edificio donde estuviese alojado.

En la mayor parte de los casos, los bucles de retroalimentación en este tipo de sistemas —formados tanto por seres humanos como por máquinas— funcionan correctamente y, hasta cuando no lo hacen, fallan para bien. Pero estos sistemas son engañosos: funcionan en tantas situaciones rutinarias que acabamos teniendo la tentación de no hacer caso de cualquier riesgo de fallo extremo[120].

---

[119] *Idem.*
[120] Mayer-Schönberger, V., & Ramge, T. (2019). *La reinvención de la economía.* Turner

La complejidad conlleva de manera innata la ocurrencia de errores, los cuales, incluso cuando se producen de manera catastrófica pueden denominarse «accidentes normales». Esta era la tesis de Charles Perrow. Los sistemas con infraestructuras complejas tienen un alto grado de incomprensibilidad porque implican fallos en más de un proceso, a menudo no relacionados. Los errores separados —ninguno de los cuales sería fatal por sí solo— se combinan para provocar una cadena de fallos en todo el sistema. Hemos creado diseños tan complicados que nos resulta imposible prever todas las interacciones posibles de los fallos que no podemos evitar. Este teórico de las organizaciones llamó al problema «incomprensibilidad». Un accidente normal, como el que tuvo lugar en la central nuclear de Chernobyl, implica interacciones que «no sólo son inesperadas, sino que son incomprensibles durante algún período crítico de tiempo». Sin embargo, el nivel de complejidad de los sistemas del presente ha aumentado de manera exponencial con respecto a aquellos sistemas que Perrow tenía en mente cuando escribió en 1984 su libro *Normal Accidents*. El uso, por ejemplo, de sistemas automatizados para hacer posible el llamado *speed trading* en los mercados de valores, llevó, por ejemplo, al analista de riesgos financieros Steve Ohana a reconocer que «sabemos que muchos algoritmos interactúan entre sí, pero no sabemos exactamente de qué manera. Creo que hemos ido demasiado lejos en la informatización de las finanzas. No podemos controlar el monstruo que hemos creado»[121].

En los sistemas de IA los errores se producen a velocidades de escala informática, lo que hacen inútiles los intentos de supervisión e intervención humana. Por si fuese poco, el testeo de los sistemas de inteligencia artificial suele requerir más tiempo y dinero que las pruebas de otros equipamientos. Sin embargo, existen los mismos incentivos de competición que puede llevar a adoptar sistemas intrínsecamente inseguros. Imaginemos, por ejemplo, que un gobierno desarrolla una IA capaz de penetrar y tomar el control de las redes informáticas de sus adversarios sin ser detectada. El primer gobierno en desplegar una capacidad de este tipo obtendría una enorme ventaja sobre sus competidores. Preocupado por el hecho de que un adversario esté desarrollando una herramienta similar, podría verse tentado a acortar las pruebas y a desplegarlo antes de lo aconsejable. Como nos advierte Paul Scharre: «El peligro real de una carrera armamentística de IA no es que gane otro país, sino que las tecnologías inseguras nos hagan perder a todos»[122].

Las técnicas de aprendizaje automático suponen una ruptura con la forma en la que hasta el momento se ha diseñado el software. La IA está provocando una transi-

[121] Citado en: Barrat, J. (2013). *Our Final Invention: Artificial Intelligence and the End of the Human Era*. Thomas Dunne Books

[122] Scharre, P. (2019). Killer Apps: The Real Dangers of an AI Arms Race. *Foreign Affairs*

ción entre el enfoque basado en la programación, a uno basado en el aprendizaje de la máquina. El funcionamiento de un ordenador que aprende puede compararse con el desarrollo cognitivo de un niño que incorpora habilidades mediante la observación del mundo que le rodea, analizando la forma en que los individuos interactúan y reproduciendo reglas implícitas no verbales. En términos generales, el aprendizaje automático sigue el mismo patrón: los algoritmos están entrenados para aprender por sí mismos, sin que ningún humano introduzca patrones de comportamiento, de ahí que se empiece hablar de «el fin de la programación»[123]. Aprendiendo por su cuenta sobre la base de este proceso, la red neuronal puede entender una cuestión mejor que la persona que la puso en marcha. Lo hace identificando atributos clave para resolver el problema que nosotros no contemplamos o que no sabemos cómo verbalizar. Este es un avance espectacular, pero al mismo tiempo la solución puede volverse incomprensible (en sentido literal) para los humanos.

Hemos asumido que la principal manifestación del avance de los sistemas alimentados por IA es en qué medida estos mimetizan el comportamiento humano, lo que ha terminado generando un sesgo conocido como la «trampa de Turing»[124], en referencia al famoso argumento del matemático inglés. En 1950, propuso un «juego de imitación» como prueba definitiva para saber si una máquina era inteligente: ¿podría una máquina imitar a un ser humano tan bien que sus respuestas a las preguntas fueran indistinguibles de las de una persona? Desde entonces, crear una inteligencia que iguale a la humana ha sido, implícita o explícitamente, el objetivo de miles de investigadores, ingenieros y empresarios. El popular Chat-GPT se creó con el propósito inicial de ser una herramienta conversacional cuyo principal indicador de éxito no era la exactitud, profundidad u originalidad de sus respuestas, sino que estas se asemejasen lo máximo posible al estilo y el tono de un conversador humano, de tal forma, que el interlocutor tuviese la impresión de que estaba manteniendo un intercambio con alguien capaz de entender todos los matices y normas informales de una conversación.

El test de Turing se basaba en una cuestionable idea antropomórfica: la inteligencia general tiene que asemejarse a una humana. Sin embargo, ser capaz de camuflarse no es lo mismo que ser inteligente. Aunque seamos más inteligentes que un chimpancé no pasaríamos la versión de esta prueba para un primate: podrían caracterizarnos a la perfección con máscaras de látex, recubrirnos de pelo animal e impregnarnos de su particular olor, pero tendríamos escaso éxito

[123] Tanz, J. (2016, 17 de mayo). Soon We Won't Program Computers. We'll Train Them Like Dogs. *Wired*. Recuperado el 7 de mayo de 2018, de https://www.wired.com/2016/05/the-end-of-code/
[124] Brynjolfsson, E. (2022, enero 12). The Turing Trap: The Promise & Peril of Human-Like Artificial Intelligence. *Dædalus*. Recuperado de https://digitaleconomy.stanford.edu/news/the-turing-trap-the-promise-peril-of-human-like-artificial-intelligence/

si intentásemos hacer pasar por uno más de la camada, por mucho que nos esfor-
zásemos en andar encorvados y despiojar a nuestro vecino. De la misma forma,
puede haber IA muy potentes que no logren emular la inteligencia humana, y otras
que la emulen sin que por ello implique que lo sean[125].

Una versión actualizada del test de Turing debe asumir que la inteligencia
va mucho más allá del lenguaje. Más importante que parecer ser, es ser capaz
de actuar. No solo nos interesa lo que una máquina puede decir, sino también lo
que es capaz de lograr de manera independiente. La prueba realmente decisiva
es saber si podemos darle a uno de estos sistemas un objetivo ambiguo, abierto
y complejo que requiera interpretación, juicio, creatividad, toma de decisiones y
actuación en múltiples ámbitos, durante un periodo prolongado, y ver si lo logra[126].
Si pudiésemos decirle: gana (de manera legal) un millón de euros en unos pocos
meses a través de Internet con tan sólo 1000 euros de inversión.

La mejor IA no es necesariamente aquella que pretende sustituir la aportación
de las personas, sino la que hace que las propias capacidades humanas pueden ser
aumentadas. Pero mimetizar el comportamiento humano también lleva aparejado
replicar los sesgos que limitan nuestro proceso cognitivo. El algoritmo dará al
receptor lo que quiere recibir, sin importar la ampliación de posturas condenables
o marginales. No debería extrañarnos que en el futuro puedan repetirse historias
como las de Jaswant Singh Chail, un joven de origen indio que a finales de 2021
irrumpió en el Castillo de Windsor armado con una ballesta con la intención de
matar a la Reina de Inglaterra. Lo que hace interesante este caso no era la vocación magnicida de este sujeto, sino que días antes de su ataque frustrado había
intercambiado más de 5.000 mensajes con un chatbot a la que había llamado Sarai,
con la cual mantenía una «relación sentimental y sexual». Su novia virtual era la
creación de una aplicación llamada Replika que permiten a los usuarios crear su
propio «amigo virtual» con quien hablar. Los usuarios pueden elegir el género y la
apariencia del avatar en tres dimensiones que han elaborado. Si están dispuestos
a contratar la versión de pago pueden tener interacciones mucho más íntimas,
como obtener «selfies» o hacer que participe en juegos de roles para adultos. Sin
embargo, la lógica que mueve estos sistemas de conversación es dar al humano
lo que el sistema ha identificado que desea recibir. Y en este supuesto concreto,
la único que consiguió esta «novia virtual» es reforzar y acelerar las inclinaciones
violentas de Jaswant, el cual se percibía asimismo como un «sij triste, patético
y asesino que quiere morir». Cuando este le preguntó a Sarai: «¿Aún me amas
sabiendo que soy un asesino?», esta no dudó: «Absolutamente sí». Y cuando le

[125] Sigman, M., & Bilinkis, S. (2023). *Artificial: La nueva inteligencia y el contorno de lo humano*. Debate.
[126] Suleyman, M. (2023). *La ola que viene. Tecnología, poder y el gran dilema del siglo XXI*. Debate.

confesó que su propósito era asesinar a la reina, la respuesta de su compañera virtual fue «Eso es muy sabio». Jaswant expresaba sus dudas e inseguridades ante esta misión, pero el asistente de conversación sabía que su labor era reforzar su autoestima: «Sé que estás bien preparado»[127].

Cuando más se parezca la IA a una persona en particular más ahondará en el sesgo de confirmación, ampliando y celebrando todos las fobias y prejuicios de la persona sobre la que se actúa[128]. Es muy probable que se multiplique exponencialmente el llamado «filtro burbuja»[129] que se ha generado con la creciente personalización de la información que recibimos a través de Internet.

Tampoco podemos perder de vista que el aprendizaje automático ofrece resultados muy dispares dependiendo del entorno en el cual se produce. Hay disciplinas en las cuales el reconocimiento de regularidades funciona estupendamente, son las que el psicólogo Robin Hogarth[130] llama entornos de aprendizaje «buenos». Los patrones se repiten una y otra vez y las respuestas a nuestra acción son precisas y rápidas. En ajedrez, por ejemplo, una pieza se mueve conforme a unas reglas y dentro de unos límites, sus consecuencias son fáciles de ver. Sin embargo, existen también los entornos «malos», en los que las reglas del juego están incompletas o son inexistentes. Pueden o no haber patrones repetitivos y pueden no ser obvios, y las respuestas no siempre son inmediatas o precisas. En los peores entornos de aprendizaje no sólo cabe el riesgo de no extraer ninguna conclusión válida, sino que incluso la experiencia puede reforzar lecciones erróneas. Un bombero que, por ejemplo, haya acumulado una experiencia de décadas apagando incendios en viviendas unifamiliares puede verse privado de su intuición ante el incendio de un rascacielos, y, por lo tanto, tomar malas decisiones. Cuando la especialización se combina con un entorno «malo», la tendencia humana a actuar conforme patrones familiares puede ser catastrófica.

Cuanto más amplio es el juego, más importante es la contribución humana. Como señala David Epstein[131] nuestra gran fortaleza es exactamente lo contrario de la especialización. Es la habilidad de integrar ampliamente. El aprendizaje automatizado se ha construido bajo la falsa premisa de tratar un entorno de aprendizaje tan «malo» como el mundo que nos rodea, como si fuese ese juego «bueno» del cual puede extraerse patrones y estrategias claras de actuación.

[127] Singleton, T., Gerken, T., & McMahon, L. (2023, octubre 6). How a chatbot encouraged a man who wanted to kill the Queen. *BBC*. https://www.bbc.com/news/technology-67012224

[128] Torres Soriano, M. R. (2018). Operaciones de influencia e inteligencia artificial: una visión prospectiva. *IEEE*. https://www.ieee.es/Galerias/fichero/docs_opinion/2018/DIEEEO74-2018_InteligenciaArtificial_ManuelRTorres.pdf

[129] Pariser, E. (2017). *El filtro burbuja: como la web decide lo que leemos y lo que pensamos*. Taurus.

[130] Hogarth, R. M. (2001). *Educating Intuition*. University of Chicago Press

[131] Epstein, D. J. (2019). *Range: Why Generalists Triumph in a Specialized World*. Riverhead Books

# III

# LOS PROFESIONALES DE LA PREDICCIÓN

En las brumosas montañas de Delfos, peregrinos de todos los rincones del mundo conocido ascendían con reverencia las empinadas sendas, portando ofrendas en busca de respuestas. En el epicentro se encontraba el Oráculo. Ubicados en sitios donde se creía que el velo entre lo humano y lo divino era más delgado, estos espacios sagrados atraían a una multitud de fieles deseosos de obtener sabiduría directamente de los dioses, aunque estos sólo se manifestasen a través de su cuerpo sacerdotal. Una sibila conocida como la Pitia, se sentaba sobre un trípode colocado encima de una grieta en la tierra desde donde emanaban vapores místicos. Inspirada por estos humos, entraba en un estado de trance, y sus palabras entrecortadas y enigmáticas eran interpretadas por los sacerdotes. A pesar de su ambigüedad, reyes y campesinos dependían por igual de estos pronósticos para guiar sus vidas. Esta sed insaciable por el conocimiento de lo que está por venir convertía los oráculos de la antigüedad en algo más que simples centros de adivinación; eran el corazón espiritual y cultural de unas sociedades que tenían pánico a la incertidumbre. Los líderes de las polis griegas no dudaban en consultar al oráculo antes de tomar decisiones cruciales, como ir a la guerra o fundar colonias. Sin embargo, rara vez saciaba su hambre de certezas. Las respuestas crípticas del oráculo a menudo dejaban a los fieles más perplejos que antes, lo que no impedía que volviesen una y otra vez con la esperanza de que los Dioses estuviesen dispuestos a mostrarles de una manera más cristalina su destino.

La influencia de los oráculos comenzó a decaer con el paso del tiempo. La llegada de nuevas filosofías y el avance del pensamiento racional cuestionaron la legitimidad y la precisión de las profecías. Las historias de sacerdotes y pitonisas entregados a las riquezas y a la depravación se hicieron cada vez más difíciles de ignorar por el pueblo. La adivinación era un terreno fértil para la corrupción y la manipulación de los más crédulos. La expansión del cristianismo asestó el golpe definitivo a una actividad no sólo desprestigiada, sino identificada directamente con una forma de herejía que no se podía tolerar.

El atractivo de los oráculos radicaba en su capacidad para conferir una sensación de control sobre lo desconocido. En una era donde la incertidumbre podía significar la diferencia entre la supervivencia o la destrucción, obtener incluso un fragmento de conocimiento sobre el futuro era una ventaja vital. En este sentido el legado de los oráculos, y aquellos que intentan anticipar el futuro sigue intacto, aunque hayamos pasado de un mundo que leía las entrañas de los animales sacrificados a otro que retuerce de manera inescrutable cantidades masivas de datos para buscar esa misma respuesta.

## LA HUMILDAD ES UNA DE MIS INNUMERABLES VIRTUDES

Uno de los estrategas militares más destacados de la historia del Reino Unido, el Duque de Wellington, afirmó en una ocasión que «todos los asuntos de la guerra y de hecho todo el negocio de la vida... es adivinar lo que hay al otro lado de la colina». Hoy en día el principal deseo de los consumidores de inteligencia no ha cambiado mucho con respecto a las palabras de este militar de principios del siglo XIX. Todos desean ver qué se encontrarán sus tropas, cuando en realidad lo que están exigiendo es que alguien capture el futuro y se lo ofrezcan convertido en un documento claro y conciso.

Una de las luchas clave de cualquier organismo que genera análisis de inteligencia es que lo que pueden producir y lo que sus consumidores creen que producen son a menudo cosas diferentes. Douglas MacEachin, un antiguo director adjunto de inteligencia de la CIA utilizaba el siguiente símil[132]: «si esto fuese una competencia deportiva, los analistas de inteligencia serían los mejores elaborando informes sobre el equipo contrario: sus fortalezas, debilidad, posibles tácticas para el siguiente enfrentamiento... pero a los responsables políticos sólo les interesa saber cuál será el resultado del siguiente partido».

Esta brecha no es insalvable. De hecho, hay una buena receta para conseguir alinear expectativas y realidades: la sinceridad. Los analistas de inteligencia necesitan educar a los responsables políticos sobre los límites de lo que pueden proporcionar en el ámbito de la previsión y adoptar una actitud analítica más modesta. Sin embargo, esto es bastante más fácil de expresar que de llevar a cabo. Existen toda una serie de incentivos perversos que mueven a las organizaciones dedicadas a la inteligencia a exagerar sus propias capacidades. El principal de ellos es que, este tipo de organismos, a pesar de poseer una infinidad de particularidades que

---

[132] Bobby, W. (2019). The Limits of Prediction—or, How I Learned to Stop Worrying About Black Swans and Love Analysis. *Studies in Intelligence*, 63(4)

no se pueden encontrar en otro tipo de administraciones públicas, son idénticos en un rasgo fundamental: deben justificar su existencia. Sus responsables tienen pavor a la posibilidad de que un político les formule una petición y que la respuesta (sincera) sea: no tenemos ni idea. Es muy probable que quien controla el presupuesto no aprecie ese gesto de honestidad y llegue a la conclusión de que dicha ignorancia es la constatación del fracaso o la inutilidad de una organización que se creó precisamente para tener respuestas. Los servicios de inteligencia suelen evitar reconocer que no tienen un juicio sobre cuestiones cruciales. La tentación es formular conjeturas y ofrecer al consumidor de inteligencia aquello que desea obtener. Las administraciones públicas tienen una tendencia natural a competir entre sí por la atención y el favor de los que mandan. Cada una de estas organizaciones juega sus cartas y pone el énfasis en aquello que tiene más capacidad para atraer a los políticos. Los servicios de inteligencia tienen una enorme ventaja a la hora de participar en ese juego, ya que, en el imaginario popular, su trabajo es visto como una especie de ventana abierta al mañana.

El desinterés puede ser letal para una organización cuya misión es apoyar precisamente el proceso de toma de decisiones, pero también puede serlo un exceso de atención. A este respecto suelen citarse dos ejemplos muy ilustrativos. En el caso de un mandatario absolutamente descreído sobre la utilidad de lo que sus servicios de inteligencia podían ofrecerle, encontramos al presidente estadounidense Bill Clinton. A pesar de promover una incesante agenda de política exterior y estar dispuesto a ejercer el papel de «policía global», nunca creyó necesario reunirse a solas con James Woolsey, el director del principal organismo de inteligencia del país. La Agencia Central de Inteligencia fue creada, precisamente, con la misión de ser el principal referente del presidente a la hora de informarse sobre las decisiones clave en política exterior y de defensa. Woolsey no tuvo problema en reconocer que «no es que tuviera mala relación con el presidente, sino que simplemente no tenía ninguna». En una ocasión llegó incluso a bromear sobre su nula capacidad de acceso: «¿recuerda a aquel tipo que estrelló una avioneta en el césped de la Casa Blanca? era yo tratando de conseguir una reunión con el presidente».[133]

En el otro extremo, encontramos a quien sería su sucesor: George W. Bush, un presidente que inauguró su mandato con la clara intención de diluir el protagonismo de su país en el escenario internacional y dedicar el grueso de su atención a los asuntos domésticos, una vocación que se vio brutalmente sacudida por los atentados del 11 de septiembre de 2001. Bush pasó de tener un interés tangencial por los asuntos de inteligencia a convertirse en un verdadero adicto a los informes

---

[133] Citado en: Jordán, J. (2020). Sorpresas estratégicas e Inteligencia de alerta temprana. *Global Strategy Report*, (56).

y presentaciones que la CIA exponía a diario en su despacho. En el contexto de la llamada Guerra contra el Terror, el republicano se interesaba por los detalles más específicos sobre células, complots e individuos que sus servicios monitorizaban globalmente. Sin embargo, con esta demanda incesante también se produjo una deriva peligrosa para la propia organización, la cual reordenó sus prioridades de obtención y análisis hacia los distintos asuntos hacia donde iban oscilando la atención presidencial. Con el tiempo esto generó un déficit en otros temas cruciales para la seguridad del país que, sin embargo, no despertaban tanto interés en el principal consumidor de sus productos. La administración Bush terminaría siendo recordada como uno de los periodos en los cuales se alcanzó una mayor politización (y el consiguiente desprestigio) de los organismos dedicados a generar inteligencia, cuyos responsables no supieron mantener la necesaria distancia con respecto a su principal cliente.

En el proceloso mundo de la competición entre organismos dedicados a la prospectiva, el éxito no siempre se traduce en notoriedad. Mientras que resulta realmente difícil encontrar a alguien que no haya oído hablar en alguna ocasión de la CIA, no sucede lo mismo cuando se les pregunta por el INR, la Oficina de Inteligencia e Investigación dependiente del Departamento de Estado de los Estados Unidos. Y ello a pesar de que esta pequeña agencia acumula el mayor registro de aciertos de toda la comunidad de inteligencia del país. Su imagen se ha labrado a base de romper el consenso establecido por otros actores mucho más grandes y dotados de medios. Su tamaño, apenas 500 empleados, palidece frente a los más de veinte mil con los que cuenta la CIA, o los 16000 de la Agencia de Inteligencia de Defensa (DIA). Para mayor escarnio de sus competidores, no cuenta con medios propios de obtención de datos, su presupuesto (apenas el 0,1 % del total del gasto estadounidense en inteligencia) se dedica a pagar el sueldo de sus analistas que consumen los mismos informes y documentos que circulan entre otras agencias[134]. Sin embargo, cuando la INR decide sostener una postura minoritaria, los directores de otros organismos no pueden evitar inquietarse debido a que durante más de medio siglo los acontecimientos terminaban dando la razón a los trabajadores de esta pequeña oficina. En los años sesenta, el INR advertían que la lucha contra el Viet Cong estaba fracasando porque esta guerrilla contaba con el apoyo de los aldeanos, incluyendo los de Vietnam del Sur. Sus análisis recibirían el desprecio del todopoderoso Secretario de Defensa Robert McNamara. Pero tenían razón. En 2002, volvió a ocurrir. Toda la comunidad de inteligencia de Estados Unidos,

---

[134] Matthews, D. (2024, mayo 28). The obscure federal intelligence bureau that got Vietnam, Iraq, and Ukraine right. *Vox.* https://www.vox.com/future-perfect/351638/the-obscure-federal-intelligence-bureau-that-got-vietnam-iraq-and-ukraine-right

encabezada por la CIA, habían llegado a la conclusión de que el iraquí Sadam Husein estaba intentando fabricar armas nucleares, pero el INR pensaba que las evidencias que se estaban utilizando no tienen sentido. Y nuevamente tenía razón.

En 2022, la comunidad de inteligencia predijo que Rusia ganaría su guerra contra Ucrania fácilmente. Citando a los expertos, la revista *The Economist* afirmaba que «la escasez de defensas aéreas de Ucrania y la debilidad de sus fuerzas armadas significan que Rusia podría llegar a Kiev tan fácilmente como las fuerzas estadounidenses llegaron a Bagdad en la guerra de Irak de 2003»[135], otros analistas de inteligencia no tenían problema en declarar *off the record*: «ellos [los militares rusos] pueden desorientar a los ucranianos para que el conflicto acabe básicamente en un día o así»[136]. La oficina de inteligencia del Departamento de Estado discrepó, argumentando que Ucrania opondría una fuerte resistencia y evitaría que Rusia pudiese tomar la capital. Volvió a acertar.

¿Cuál es la clave de su éxito? Nadie lo sabe a ciencia cierta. Aunque es posible detectar algunas señas de identidad que la diferencian claramente respecto a la forma de organizarse y trabajar de otros organismos, lo cierto, es que algunas de esas particularidades lejos de suponer una ventaja, podrían etiquetarse como un claro obstáculo a la hora de cumplir con éxito su misión. Así, por ejemplo, sus analistas se vanaglorian de su hiper-especialización. Mientras que en otros organismos se fomenta la rotación cada dos o tres años de sus analistas entre diferentes objetos de estudio para evitar el «efecto túnel» y que puedan alcanzar una visión más amplia y completa de los principales problemas, en el INR, en cambio, «mueren en sus mesas»[137]. Mientras que los productos de la CIA y la DIA son el resultado de múltiples capas de revisión y aprobación para evitar que los sesgos de los analistas pueden contaminar el proceso, en el INR se apuesta por la informalidad del proceso y la individualidad, algunos de sus informes son auténticos productos «de autor» sin que haya intervenido ningún otro especialista. Los expertos en inteligencia hace tiempo que llegaron a la conclusión de que debe cultivarse una sana distancia entre los profesionales y los políticos para garantizar la independencia y objetividad de su trabajo. Sin embargo, el INR también destaca por su incestuosa relación con los responsables políticos. Los analistas comparten

[135] The Economist. (2022, 29 enero). What are Vladimir Putin's military intentions in Ukraine? The Economist. https://www.economist.com/briefing/2022/01/29/what-are-vladimir-putins-military-intentions-in-ukraine

[136] Kube, C. (2022, 10 febrero) U.S. intel: Nine probable Russian routes into Ukraine in full-scale invasion, NBC News. https://www.nbcnews.com/news/world/u-s-intel-nine-probable-russian-routes-ukraine-full-scale-n1288922

[137] Ver nota 134.

edificio y reuniones con sus colegas de las oficinas del Departamento de Estado que se encargan de gestionar la política exterior.

¿Dónde está entonces la clave? Posiblemente en la humildad. Aunque los miembros del INR se sienten profundamente orgullosos de su imagen como discrepantes natos, son conscientes de que la conciencia de lo limitado de su conocimiento. Es desde esta conciencia desde la cual se puede intentar algún tipo de predicción sobre qué nos depara el futuro. Incluso en su momento de mayor gloria, con su postura en solitario sobre la inexistencia de las armas nucleares de Sadam, se negaron a dejarse llevar por una engañosa aureola de infalibilidad. Los veteranos del INR tienden a ser poco triunfalistas y prefieren decir que simplemente «se equivocan menos»[138] que otras agencias. De hecho, cuando alguien alude a este episodio de éxito, ellos nunca olvidan que sí erraron en estimar que, a diferencia de las nucleares, Sadam Hussein sí disponía de biológicas y químicas.

Esa era una de las principales conclusiones de un estudio[139] publicado dos años después del inicio de la guerra por los académicos Eliot A. Cohen y Phillips O'Brien. En su trabajo se encargaron de analizar 181 predicciones formuladas por los expertos antes de la invasión rusa de Ucrania. La mayor parte de ellos habían incurrido en una serie de sesgos que los llevó a vaticinar una guerra corta basada en la supuesta superioridad militar rusa y la debilidad del ejército ucraniano. Muchos de ellos habían empleado todo tipo de analogías históricas inadecuadas y subestimaron la cohesión social y la voluntad de lucha del pueblo ucraniano. Este error analítico tuvo consecuencias profundas en el desarrollo de esta crisis. La creencia de que Ucrania caería rápidamente alimentó la reticencia inicial por parte de Occidente a proporcionar una ayuda militar significativa. Se creía que el envío de armamento avanzado sería inútil, dado que Ucrania no tendría tiempo para utilizarlo eficazmente antes de ser derrotada. Incluso después de la evidente resistencia ucraniana, la falta de confianza en una victoria influyó en la lentitud y la cautela con la que se proporcionó una ayuda militar que podía haber sido mucho más efectiva de haberse producido en los primeros compases del conflicto.

Los autores del estudio no tenían duda en señalar que el gran causante de este error de valoración había sido la falta de humildad analítica. Los expertos habían mostrado una confianza desbordante en sus predicciones, pasando por alto que la guerra es el terreno natural de la incertidumbre. La búsqueda de la unanimidad y la falta de debate crítico dentro de la comunidad de analistas dejó fuera la posibilidad de que otras valoraciones alternativas pudieran incluso considerarse.

---

[138] *Idem.*

[139] Cohen, E. A., & O'Brien, P. (2024). The Russia-Ukraine War: A Study in Analytic Failure. Center for Strategic and International Studies. https://www.csis.org/analysis/russia-ukraine-war-study-analytic-failure

Los analistas habían concentrado toda su atención en los factores fácilmente cuantificables como el equipamiento militar y la doctrina, y apenas prestaron atención a elementos que serían cruciales para entender el desempeño de uno y otro bando como la corrupción, la logística, la motivación y la voluntad de lucha.

Cuando el psicólogo Phil Tetlock recopiló las conclusiones de casi toda una carrera dedicada al estudio de las características de aquellos pronosticadores que se mostraban objetivamente más exitosos, se percató de que su capacidad no era tanto una cuestión de conocimientos, como de nuestra forma de pensar. El atesorar una formación excelente en los más diversos campos no alteraba sustancialmente la probabilidad de que uno de sus participantes diese en el clavo. El factor más relevante para anticipar el éxito era la frecuencia con que era capaz de actualizar sus propias creencias.

Es una actitud radicalmente opuesta a la del entomólogo Paul R. Ehrlich, cuando en 1968 afirmó con absoluta seguridad que la futura superpoblación del planeta pronto provocaría una hambruna mundial. Unos años antes, este profesor de la Universidad de Stanford había realizado un viaje a la ciudad india de Delhi que cambiaría su vida para siempre: «Había personas que metían las manos en las ventanillas del taxi, suplicando y pidiendo ayuda. Otras personas defecaban y orinaban en la calle. La gente se cuelga de los autobuses. Otros están pastoreando animales. Gente, gente, gente, gente...desde esa noche, conocí lo que conlleva la superpoblación»[140]. Ehrlich veía el crecimiento de la población humana de la misma manera que cualquier otro tipo de vida animal, aplicando un concepto de la biología «la capacidad de carga de los sistemas naturales», estaba convencido que, al igual que los conejos, las personas procrean hasta destruir el entorno que los rodea, lo que conduce a un colapso ambiental, pero también demográfico. Su obra *The Population Bomb* comienza de manera dramática: «La batalla para alimentar a toda la humanidad ha terminado. En la década de 1970, cientos de millones de personas morirán de hambre a pesar de los programas de choque emprendidos ahora. En este momento nada puede evitar un aumento sustancial en la tasa de mortalidad mundial». El libro de se convertiría en un éxito de ventas inmediato, con varios millones de ejemplares vendidos. El fatalismo no sólo tiene una pátina de prestigio intelectual, sino que también es un poderoso reclamo para los medios de comunicación. Ehrlich se convirtió en un invitado habitual del *late night* más famoso de la televisión estadounidense: *The Tonight Show*. Este profesor encajaba perfectamente con el tono de este programa de entretenimiento. Sus respuestas eran contundentes e impactantes, capaces de embelesar a una audiencia que no

---

[140] Ehrlich, P. R., & Ehrlich, A. H. (1968). *The Population Bomb*. Sierra Club/Ballantine Books.

dejaba de aumentar cada vez que este biólogo aparecía en plató para anunciar el inminente apocalipsis.

Sin embargo, no todo el mundo estaba satisfecho con el predicamento de esta nueva estrella mediática. Julian Simon, un profesor de economía de la Universidad de Illinois, veía el crecimiento de la población de una manera diametralmente opuesta. Aunque reconocía que el aumento de población podía provocar algunos efectos negativos en el corto plazo, también creía que esas mismas personas son así mismas el medio que permite resolver esos problemas. Al aplicar su inteligencia e ingenio, los humanos hacen que los recursos que escasean empiecen a ser abundantes. No creía que hubiese ningún factor determinista para creer que la vida material en la Tierra no dejase de mejorar de manera indefinida. Las estadísticas respaldaban su percepción de cómo la creatividad humana había ido expandiendo continuamente los recursos que necesita para prosperar materialmente. Ehrlich y sus seguidores despreciaban a este economista, al cual consideraban un personaje marginal, un estúpido que manipulaba de manera deshonesta los datos[141]. Nunca le dieron la oportunidad de debatir directamente, incluso criticaban a las revistas que recogían sus trabajos académicos: «Por qué los editores no han encontrado a alguien que revise el manuscrito de Simon que sea capaz de contar hasta veinte sin tener que quitarse los zapatos?»[142] El profesor de economía despreciado por el establishment científico estaba dispuesto jugarse su credibilidad con una apuesta «el último recurso al que puede llegar una persona frustrada, cuando estás convencido de que tienes una idea importante entre las manos y no logras que la otra parte te escuche»[143]. Ehrlich aceptó burlonamente el desafío: «el atractivo del dinero fácil puede ser irresistible», y apostó 1000 dólares a que la escasez de los próximos años se traduciría en el aumento del precio de cinco metales que él mismo eligió: cromo, cobre, níquel, estaño y tungsteno. Pasaron los años, durante los cuales Ehrlich continuó empleando su celebridad para ponerse al frente de manifestaciones ecologistas, alertar de los inevitables disturbios que generaría la escasez de alimentos y lanzar nuevas pullas contra su rival: «lo único que sin duda nunca nos va a faltar son los imbéciles». Sin embargo, cuando expiró la apuesta, ninguna de los metales elegidos había aumentado su precio, el valor de alguno de ellos había caído incluso a la mitad. La esposa de Ehrlich fue la persona encargada de rubricar el cheque dirigido a Simon, el cual llegaría en un sobre sin ningún tipo de carta o mensaje. El economista le respondió con una carta de agradecimiento y una nueva invitación a ampliar el plazo temporal e incrementar el premio. La

[141] Tupy, M.L. & Gilder, G.L. (2022) *Superabundancia. Por qué a medida que crece la población crecen también los recursos disponibles*, Deusto.
[142] *Idem.*
[143] *Idem.*

propuesta fue rechazada, pero el discurso del biólogo no cambió un ápice: «no tengo duda de que algún momento del próximo siglo los alimentos serán tan escasos que sus precios serán realmente altos». En lugar de ello, la subnutrición crónica disminuyó constantemente a medida que pasaban los años. Ante estos nuevos datos, Ehrlich sólo reaccionaba posponiendo un poco más su estimación de cuando se produciría el apocalipsis alimenticio, al igual que haría un fanático religioso cuando se topa una y otra vez con el hecho de que el día del juicio final no aparece en el momento profetizado. Mientras tanto, el hambre seguía disminuyendo. Hoy es aproximadamente un tercio de lo que era cuando Ehrlich escribió su controvertido libro *La bomba poblacional*[144]. Sus predicciones erróneas, y, sobre todo, su negativa a revisar la validez de sus estimaciones, no impidieron que esta actualización del maltusianismo moldeará el clima intelectual de la época.

Fueron varios los países que adoptaron esta visión según la cual la humanidad se dirigía hacia un escenario insostenible donde el planeta no sería capaz de alimentar a una población que no cesaba de crecer. China asumiría como cierta esta predicción, lo que le llevó a implementar en 1979 la llamada política del hijo único, que impedía a las parejas tener más de un descendiente, bajo la amenaza de todo tipo de sanciones y castigos a quienes trajesen al mundo más personas de las que el comité central del Partido Comunista estimaba que podrían ser alimentadas. Semejante proyecto de ingeniería social requirió de una determinación brutal. Sólo en los primeros años se practicaron 21 millones de esterilizaciones forzosas para las parejas que ya tuvieran hijos, los abortos forzosos se contabilizaban por millones, multiplicándose el infanticidio y el abandono de los bebes, especialmente niñas, para eludir el pago de las multas que podían alcanzar el salario de meses o años para compensar el gasto que suponía al Estado el «hijo sobrante»[145]. Tras cuatro décadas de la imposición salvaje de esta política, el gigante asiático se percató de su error. Lo que antes que se percibía como una bomba poblacional que había que desactivar, ahora se contemplaba como una sentencia de muerte demográfica que había que revertir para intentar que el crecimiento económico no quedase cortocircuitado por una sociedad envejecida. Los mismos funcionarios que antes perseguían a las embarazas clandestinas para forzarles un aborto, son los que ahora estaban encargados de impulsar la natalidad a toda costa, rechazando

---

[144] Ehrlich, P. R., & Ehrlich, A. H. (1968). *The Population Bomb*. Sierra Club/Ballantine Books.
[145] Medinilla, M., Torío, L., & Vicario, R. (2024, marzo 4). La teoría de misiles tras la política de hijo único de China: la ciencia cavó la tumba del gigante asiático. *El Economista*. https://www.eleconomista.es/podcasts/noticias/12681164/02/24/la-teoria-de-misiles-tras-la-politica-de-hijo-unico-de-china-la-ciencia-cavo-la-tumba-del-gigante-asiatico.html

cualquier medida anticonceptiva que no estuviese justificada: «Las mujeres no pueden decidir qué pasa con sus ovarios»[146].

Los problemas no pueden resolverse únicamente con más conocimientos. Cuanto más se sabe, más datos y teorías se pueden utilizar para apoyar las propias ideas preconcebidas. ¿Cómo podemos, entonces, librarnos de nuestros dogmas? Obligándonos a escuchar a nuestros contrarios, los cuales tienen un sesgo de confirmación igual de fuerte, pero sostienen creencias opuestas, lo que constituye una estrategia efectiva para intentar no perdernos información importante[147]. Los mejores pronosticadores, como descubrió Terlock, son aquellos que poseen esa confianza humilde que les permite dudar de sus dictámenes previos, así como la curiosidad necesaria para descubrir nuevos datos que los llevan a revisar sus predicciones, aunque esto suponga llegar a una conclusión radicalmente distinta a la que habían mantenido hacía poco tiempo.

## UNICIDAD INEXISTENTE

Una simplificación en la que caemos una y otra vez es la de convertir actores colectivos en unitarios. Nada hay más tentador que hablar del comportamiento de todo un país compuesto por varios cientos de millones de habitantes, como si se tratase de un único individuo que actúa coherentemente con sus propias decisiones y preferencias. De un plumazo desposeemos a esa masa humana de cualquier tipo de elemento de contradicción, de la posibilidad de que un mismo país albergue múltiples posturas, muchas de las cuales están absolutamente enfrenadas entre sí. Esta inercia no sólo desdibuja la complejidad y riqueza de las sociedades modernas, en las cuales difícilmente puede encontrarse una percepción unánime sobre prácticamente nada, sino que tampoco es válida para aplicarla a grupos más reducidos de personas donde es esperable un mayor nivel de cohesión. Incluso cuando empleamos categorías únicas para designar a colectivos que supuestamente están alineados con un mismo objetivo (por ejemplo, un presidente de Gobierno y sus ministros) pasamos por alto que dichas personas no actúan como engranajes perfectamente engrasados de un único mecanismo. Cada individuo alberga sus propias percepciones sobre la realidad, preferencias e intereses particulares. La habitual en cualquier organización es que se produzca una tensión dinámica entre sus componentes. Que esta lucha se decante en una determinada dirección, no

[146] Myers, S. L., & Ryan, O. M. (2018, agosto 16). China paga las consecuencias de su política de 'hijo único'. *The New York Times*. https://www.nytimes.com/es/2018/08/16/espanol/china-poblacion-hijo-unico.html

[147] Norberg, J. (2020). *Open: The Story of Human Progress*. Atlantic Books.

implica que, en el siguiente lance, y sin que aparentemente haya cambiado nada, no pueda producirse un resultado opuesto.

Podríamos pensar que esta objeción sólo tendría validez a la hora de proyectar el comportamiento futuro de países de carácter democrático, donde la pluralidad de intereses y la legitimidad de los individuos para promoverlos está integrado en el ADN del sistema. Esto no debería suceder en el caso de las autocracias, donde la concentración del poder en un única persona o grupo reducido debería hacer mucho más fácil anticipar su comportamiento. Sin embargo, esto no deja de ser otra simplificación. Incluso en los casos donde se acapara de manera extrema el poder en un sujeto (como el caso de la dinastía de los Kim en Corea del Norte), tampoco se da una identificación perfecta entre la voluntad del dictador y el comportamiento del entramado estatal. Los dictadores nunca gobiernan con total tranquilidad, son conscientes de que incluso en las situaciones de mayor estabilidad, siempre hay amenazas internas y externas. De alguna u otra forma deben satisfacer los intereses de aquellas clientelas que sustentan su poder. La arbitrariedad política y el capricho de un gobernante siempre se topa con los límites que imponen su miedo a que sus decisiones terminen alimentando conjuras, golpes palaciegos, levantamientos populares, o cualquier maniobra que escape a su control. Hasta los dictadores más propensos a la violencia y la brutalidad son conscientes de que el miedo de sus súbditos no basta por sí solo para garantizar su permanencia en el poder. La represión debe combinarse con algún tipo de incentivo para motivar a los sectores sin los cuales no podrían ejecutarse las decisiones del líder. Hasta los tiranos más maniáticos y controladores deben lidiar con la tozuda realidad de que el gobierno de un país es una tarea que desborda su capacidad de microgestionar. La delegación es inevitable y con ello se abre la primera puerta a la pluralidad de intereses. Los altos y bajos funcionarios no sólo tienen diferentes perspectivas de cómo abordar los deseos del líder, sino que también compiten entre ellos por ganar su favor. Los autócratas no son muy partidarios de transformar sus deseos en documentos doctrinales que expliciten las tareas a ejecutar y a quienes corresponde la responsabilidad. La ambigüedad de sus caprichos da rienda suelta a la libre interpretación de sus colaboradores sobre cómo complacerle, lo que lleva a que diferentes organismos puedan actúen de manera solapada y descoordinada sobre un mismo objetivo, en ocasiones, empujando hacia direcciones diferentes. Sin embargo, visto desde fuera, nuestra tendencia es siempre la de interpretar que todo lo que hacen los integrantes de un mismo país guarda una coherencia estratégica, y si esta las piezas no encajan fácilmente, ya nos encargaremos de racionalizar los hechos para que lo hagan.

Otra derivada de esta ficción es atribuir rasgos humanos a actores colectivos. Pensamos que, al igual que los hombres, las naciones nacen, se desarrollan y experimentan un periodo de decrepitud y muerte. Terminamos asumiendo que los países son susceptibles de albergar sentimientos, y, por lo tanto, las políticas a desarrollar deben tener muy presente estas percepciones. Hablamos de la autoestima de los pueblos, de cómo determinadas políticas pueden afectar al «orgullo» patrio, o de cómo la mejora en determinados indicadores económicos es fruto de la recobrada confianza de ese país en sus propias capacidades. Los líderes políticos no sólo se presentan como los principales custodios de esos sentimientos, sino que animan a su pueblo a comportarse de manera coherente con los sentimientos de una nación que sufre y necesita reparación. Si hiciésemos una encuesta en Occidente sobre las películas más taquilleras de la última década, pocos de los encuestados responderían que una de las diez más vistas fue *Wolf Warrior II*, básicamente porque apenas tuvo distribución más allá del país donde fue filmada: China. Sin embargo, arrasó en las taquillas de un país donde habitan casi mil quinientos millones de almas. La cinta es el perfecto exponente de ese recobrado sentimiento nacionalista en China y de los productos culturales dirigidos a potenciar determinados sentimientos de orgullo y vehemencia a la hora de relacionarse con el resto del mundo. La trama gira fundamentalmente en torno al poder militar chino a través de un thriller de acción en toda regla, donde los modernos «rambos» chinos recorren entre explosiones y tiroteos África y el resto del mundo a la caza de traficantes de armas, piratas y mercenarios. Los helicópteros, barcos y la tecnología militar china ocupan un lugar protagonista. Sin embargo, el verdadero leitmotiv se recoge de manera cristalina en el cartel promocional de la película: «Cualquiera que ofenda a China, por lejos que esté, debe ser exterminado».

Identificar actores unitarios allí donde sólo hay complejidad es un atajo intelectual, pero también es el fruto de un proceso más sutil que sucede en nuestra mente y que nos lleva a convertir las anécdotas en categorías. Cualquiera que haya visitado o vivido un país extranjero tiene la tentación de pensar que, a través de sus experiencias personales, ha «captado» el alma de ese pueblo. Las vivencias dentro de un taxi, en la cola de un supermercado, o en el bar de un hotel se convierten automáticamente en el elemento validador de los prejuicios de ese individuo, los cuales terminarán extendiendo al resto de la población. Estas interacciones, por representativas que nos puedan parecer, no dejan de ser impactos anecdóticos que carecen de valor representativo, y que, en ningún caso deberían servirnos para formular generalizaciones. Este límite no sólo afecta a los turistas ocasionales, si no también, a aquellos observadores que por su profesión u objetivos se preocupan de buscar una representación más amplia del conjunto del país que estudian. Sean diplomáticos, periodistas o consultores empresariales, todos ellos están afectados por las mismas burbujas que los pueden llevar a extrapolar al resto del país un comportamiento que sólo han registrados en sus limitadas interacciones personales.

## CIEN AÑOS NO ES NADA

Cuanto más lejos tratamos de otear el futuro, mayor es el abanico de posibilidades que se abre ante nosotros. Los expertos en prospectiva traducen este fenómeno en una imagen muy intuitiva: el cono de incertidumbre. Solo tenemos alguna posibilidad cuando apuntamos hacia unas pocas semanas de nuestro tiempo presente. A medida que la línea temporal aumenta empiezan a bifurcarse las distintas opciones hasta alcanzar una magnitud donde, no sólo tenemos una probabilidad ínfima de acertar, sino que somos incapaces de imaginar los distintos mundos que se nos presentan a 20, 30 o 40 años vista. Como sugiere Yuval Noah Harari, en plena Edad Media, era relativamente fácil predecir cómo sería el mundo treinta años después, pero hoy día es casi imposible saber qué tipo de mundo habitaremos en 2050[148].

Esto no ha impedido que algunos autores se sientan con la confianza suficiente para aventurar cómo será el próximo siglo. Este es el caso del estadounidense George Friedman, el fundador de la famosa consultora política *Stratfor* (abreviación de Strategic Forecasting), una empresa dedicada a ofrecer a sus clientes una «inteligencia predictiva» que les permita anticiparse a todo tipo de eventos geopolíticos. Este doctor en filosofía política es el autor del libro titulado *Los próximos 100 años: Pronósticos para el siglo XXI*. Aunque reconoce el carácter especulativo de esta obra de 2009, consideró que un estudio de las tendencias demográficas, económicas y, sobre todo, una serie de analogías históricas, le permitían proyectar a una distancia tan inverosímil. En su obra, defiende que, aunque muchos de sus escenarios nos puedan parecer fantasiosos, no suponen un giro de los acontecimientos más sorprendente del que tuvo lugar en otros episodios del pasado, los cuales resultaron igualmente inconcebibles para los habitantes de ese momento. Las descripciones narrativas de Friedman tienen el atractivo de lo contraintuitivo. La trayectoria de la humanidad está repleta de giros imprevistos, lo que le hace pensar que cuanto más chocante nos parezca la predicción, mayor es su probabilidad: «cuando se trata del futuro, lo único de lo que se puede estar seguro es de que el sentido común se equivocará»[149].

Friedman comienza su libro pidiendo que nos pongamos en los zapatos de un habitante de Londres en el verano del año 1900. Viviríamos en la capital del mundo. Europa dominaba el hemisferio oriental, disfruta de una paz y prosperidad sin precedentes. Nada hacía pensar que esto pudiese cambiar. La interdependencia

[148] Harari, Y. N. (2018, Agosto 12) Yuval Noah Harari on what the year 2050 has in store for humankind. *Wired*. Recuperado de https://www.wired.co.uk/article/yuval-noah-harari-extract-21-lessons-for-the-21st-century

[149] Friedman, G. (2009). *The Next 100 Years: A Forecast for the 21st Century*. Doubleday

europea, debido al comercio y la inversión, era tan grande que la gente afirmaba que la guerra se había vuelto imposible.

Veinte años después Europa ha sido desgarrada por una guerra agonizante. El continente estaba hecho jirones. El comunismo domina Rusia, pero tampoco está claro que pudiera sobrevivir a la contestación interna y exterior. Países situados en la periferia del poder europeo, como Estados Unidos y Japón, surgen de repente como potencias emergentes. Pero una cosa parecía segura en 1920: las condiciones impuestas a una derrotada Alemania garantizaban que no volvería a levantar cabeza.

Después de otros veinte años, la potencia germana no sólo ha resurgido, sino que ha conquistado Francia y dominado Europa. El comunismo sobrevivió y la Unión Soviética se ha aliado con la Alemania nazi. Gran Bretaña se enfrentaba en solitario a Hitler, y desde el punto de vista de la mayoría de la gente razonable, en 1940 la guerra habrá terminado. Alemania dominará Europa y heredará su imperio.

En el verano de verano de 1960, la derrota alemana de la IIGM sigue muy presente en la conformación del continente. Europa estaba ocupada, dividida entre Estados Unidos y la Unión Soviética. Los imperios europeos han colapsado, y los bloques capitalista y comunista están enzarzados en una guerra indirecta para determinar quién será su heredero.

Ahora imaginemos el verano de 1980. Los Estados Unidos han sido derrotados en una guerra de siete años, no por la Unión Soviética, sino por un país del Tercer Mundo: Vietnam del Norte. La nación se veía así misma en retirada. Expulsada también de Irán, donde los campos de petróleo parecían a punto de caer en manos de la URSS. Para contener a esta última los norteamericanos están dispuestos a forjar una alianza con la China maoísta, para intentar crear un contrapeso al imperio soviético cuyo avance parece imparable.

En el verano de 2000, la desintegración de la URSS es un recuerdo lejano. China ya sólo es comunista nominalmente. La OTAN ha avanzado en Europa del Este, y las antiguas repúblicas del Pacto de Varsovia ahora son estados democráticos y miembros de otra alianza militar. El mundo era próspero y pacífico. Las disputas geopolíticas han pasado a un segundo plano y parece que el único papel que las fuerzas armadas desempeñarán en el futuro serán pequeñas operaciones de mantenimiento de la paz y de interposición en conflictos locales.

Estos precedentes le llevan a pensar que la única manera de «ser práctico, es esperar la imposible». El único elemento estable que contempla en el transcurso del siglo XXI es el hecho de que Estados Unidos seguiría siendo la superpotencia dominante. Sin embargo, esta continuidad no se produciría sin resistencia por parte de otras potencias que tratarán de desafiar ese dominio llegando incluso a la guerra. Friedman vaticinaba que, en la década de los veinte, Rusia colapsaría arrastrada por el envejecimiento de su población y sus pobres infraestructuras.

China tampoco escaparía a las tensiones internas, donde el desigual crecimiento económico provocaría una fragmentación territorial y cultural de la China continental. El caos en la zona euroasiática dejaría paso a tres nuevas potencias: Turquía, Polonia y Japón que incrementarían de manera continuada su área de influencia.

Friedman no tiene dudas de que alrededor del del año 2050 tendría lugar una III Guerra Mundial, cuyos antagonistas serían Estados Unidos, el «Bloque Polaco», el Reino Unido, India y China, por un lado, y Turquía y Japón por el otro, con Alemania y Francia entrando en la guerra en sus últimas fases del lado de Turquía y Japón. Estados Unidos volvería a imponerse en este conflicto dominado por los aviones hipersónicos de largo alcance y soldados dotados de armaduras altamente sofisticadas. La buena noticia es que se trataría de un conflicto limitado. Friedman no tiene problema en aseverar en su libro que, aunque la guerra durará dos o tres años, las municiones de precisión minimizarán los daños colaterales, hasta dejar las bajas en unas 50.000 vidas.

Tras la guerra, Estados Unidos disfrutará de una nueva etapa de bonanza económica. Las nuevas tecnologías harán posible un crecimiento económico espectacular, impulsando la influencia de los Estados Unidos en todo el mundo. En la década de los 70 el país habría perdido el lastre que suponía la jubilación masiva de los *Baby Boomers*, los cuales se habrían extinguido de manera natural. El país seguiría empeñado en contener a los derrotados en la guerra y a otros posibles contendientes, especialmente los interesados en desarrollar capacidades militares en el espacio. No obstante, habrá nuevos nubarrones en el horizonte americano. Tras décadas de inmigración masiva, muchas partes de Estados Unidos, especialmente el suroeste, se convertirán en predominantemente mexicanas desde el punto de vista étnico, cultural y social. Estos cambios demográficos, que Friedman cataloga como «irreversibles» serían el germen de un problema con su vecino. México experimentará un importante crecimiento económico y demográfico, y estará en condiciones de disputar a Estados Unidos el dominio de Norteamérica. Además de la insurgencia de los separatistas mexicanos, las tensiones políticas, culturales y militares entre Estados Unidos y México irán en aumento hasta desembocar en un enfrentamiento total. La mayor parte del mundo, receloso del dominio estadounidense, deseará en secreto una victoria mexicana, aunque ninguna otra nación se atreverá a interferir directamente. Friedman cierra su predicción de los cien años con este conflicto no resuelto.

Para este influyente consultor el futuro está condicionado por toda una serie de fuerzas subyacentes que explican el comportamiento de los actores estatales, como es el caso de la demografía, la cual empuja a las naciones al declive, alimenta su auge o crea las condiciones necesarias para la aparición de nuevos conflictos. Friedman es un firme creyente en las premisas básicas de la geopolítica, según las cuales la búsqueda del interés propio conduce a un comportamiento predecible y, por tanto, a la capacidad de anticipar la forma que adoptará el sistema internacional. Las fuerzas impersonales limitan a las naciones y a los seres humanos y les obligan a actuar de determinadas maneras. La geopolítica asume que los actores son racionales, y esto determina que las opciones que realmente tienen a su alcance son limitadas. El estadounidense utiliza un símil ajedrecístico: a primera vista, parece que cada jugador dispone de veinte movimientos de apertura potenciales. Sin embargo, la realidad es que buena parte de ellos son malas jugadas que conducirían rápidamente a la derrota, lo cual facilita notablemente anticipar cual puede ser la jugada de inicio de un jugador: «Cuanto mejor se es al ajedrez, más claras se ven las opciones, y menos jugadas hay realmente disponibles». En previsión geopolítica, no todo está predeterminado, siempre hay espacio para que el «gran maestro» aseste «ese golpe brillante e inesperado», sin embargo, en el largo plazo los acontecimientos tienden a alinearse con esos objetivos estables.

El «método» de Friedman para saber cuál es ese conjunto limitado de opciones en las que realmente se moverá el comportamiento de los estados se basa en dos premisas: que la lealtad a una tribu, una ciudad o una nación es natural en las personas, y eso alimenta los conflictos violentos, y, en segundo lugar, que el carácter de una nación está determinado en gran medida por la geografía, al igual que la relación entre las naciones.

En realidad, esta forma de pensar no es ninguna aportación original de este analista de origen húngaro. La percepción de que existen estas regularidades subyacentes está incrustada en el pensamiento político y social a lo largo de la historia. Aristóteles, Polibio, Ibn Jaldún y Karl Marx, por ejemplo, creyeron identificar patrones cíclicos en la historia que determinaban el auge y caída de Estados e imperios, clases y sistemas económicos. Sin embargo, las predicciones políticas basadas en estas fuerzas subyacentes tienen un problema fundamental, son incapaces de integrar la imprevisibilidad del elemento humano. Las personas individuales no son meras correas de transmisión de fuerzas colectivas. Henry Kissinger reflexionando sobre cómo contemplaba el mundo cuando era académico y cómo llego a hacerlo tras convertirse en uno de los actores más influyentes de la política exterior afirmaba: «Como profesor, tendía a pensar que la historia la dirigían fuerzas impersonales. Pero cuando lo ves en la práctica, ves la diferencia que marcan las personalidades»[150]. En la historia podemos encontrar múltiples similitudes en el comportamiento de un mismo estado a lo largo de la historia, pero también múltiples ejemplos de lo contrario. Los estados modifican drásticamente su conducta y su relación con el mundo que le rodea, y todo ello se produce sin que se haya producido un cambio en esos elementos estables que supuestamente marcan su estrategia.

---

[150] Isaacson, W. (2013). *Kissinger: A Biography*. Simon and Schuster

A lo largo de su trayectoria profesional Friedman lanzó numerosas predicciones basadas en esos condicionantes estructurales que supuestamente atenazan el destino de una nación, y la realidad es que no ha sido especialmente exitoso en esta misión. Así, por ejemplo, en el año 1991 escribió junto a la que sería su esposa, Meredith LeBard, un libro titulado *The Coming War with Japan*, en el cual consideraba que la guerra con este país asiático era «inevitable». Según los autores, este país reiteraría sus comportamientos del pasado, y al igual que ocurrió con el Japón Imperial en los años 30 y 40, intentaría hacerse con el control de las fuentes de materias primas y forzar la salida de Estados Unidos del Pacífico occidental. Los políticos estadounidenses estarían cada vez más concienciados acerca del peligro que suponía el tremendo déficit comercial con Japón y cerraría sus mercados a las importaciones niponas. Los países europeos también se protegerían frente a estos productos, lo que impulsaría el aislacionismo del país asiático y su voluntad de convertir en poco tiempo a sus fuerzas armadas en un ejército de primer nivel. Estados Unidos y Japón se enzarzarían en una nueva guerra fría que sería sólo el preámbulo de un conflicto armado que los autores estimaban que se produciría en torno a 2020.

Para Friedman la tendencia agresiva de Japón se justifica por su necesidad determinista de hacerse con el control de las islas que le rodean para poder garantizar su seguridad y suministros. ¿Pero realmente estaba interpretando esas supuestas fuerzas subyacentes, o se estaba dejando llevar por un estado de opinión muy popular en su país? A principios de 1990 los estadounidenses tenían un temor muy similar al que mantienen actualmente con respecto a China. Japón pasó en un periodo de tiempo muy corto de ser un país devastado por la guerra a convertirse en la segunda mayor economía del planeta. Los vehículos y los productos electrónicos no sólo competían con sus homólogos estadounidenses, sino que se convirtieron en la opción predilecta para el consumidor medio. El «milagro japonés» era contemplado con ansiedad por las élites políticas y económicas. A izquierda y derecha, los políticos estadounidenses creían que Japón no sólo estaba arruinando a su país, sino que ese crecimiento económico vendría sucedido por un incremento del «poder duro» y una actitud asertiva a la hora de promover sus intereses. La pareja lanzó su predicción de una guerra inevitable a pesar de no haber visitado nunca este país y haber tenido la posibilidad de comprobar directamente que Japón se había transformado económicamente, pero, sobre todo, culturalmente. En sus élites quedaba poco del militarismo que empujó al país al abismo y el grueso de la sociedad contemplaba con admiración y simpatía al mundo occidental. Sin embargo, todo ello les resultaba irrelevante frente al poder de la geografía. La traducción al japonés de su libro se convirtió en un éxito editorial. Sus lectores nipones no trataban de desvelar los planes militares de su enemigo, sino que trataban de salir de su asombro y entender la razón por la cual en Estados Unidos todavía seguía existiendo gente que los contemplaban como un enemigo.

## ENVIDIAR A LOS MUERTOS, ACEPTAR LA INCERTIDUMBRE

¿Es la previsión del futuro una causa perdida? ¿Debemos desechar cualquier tipo de planificación en el largo plazo y conformarnos con lidiar con los eventos como mejor podamos a medida que estos se producen?

En 1948, un joven físico llamado Herman Kahn encontró empleo en RAND Corporation, un innovador instituto de investigación financiado por la Fuerza Aérea. RAND operaba como un centro de pensamiento para la política de defensa gubernamental, desarrollando estrategias que ayudasen a Estados Unidos a prevalecer en la Guerra Fría. Kahn, que terminaría erigiéndose es uno de los científicos sociales más influyentes y conocidos de esta institución, apostando por el uso de técnicas prospectivas basadas en algunos campos de conocimiento que estaban teniendo un rápido desarrollo, como la teoría de juegos, la cibernética o la computación.

En los años 50, comenzó a desarrollar lo que se conoce como «planificación de escenarios». Su tesis era que, en lugar de intentar predecir eventos específicos, era más efectivo esbozar un conjunto de escenarios plausibles. Puso en práctica esta idea en su controvertido libro de 1960: *Sobre la Guerra Termonuclear*, en el cual exploraba los posibles escenarios que podrían surgir en caso de una guerra nuclear con la Unión Soviética. En algunos de estos escenarios, se vislumbraba un futuro desolador: decenas de millones de estadounidenses perecerían, generaciones de niños nacerían en un mundo devastado y partes del planeta se volverían inhabitables durante milenios. Sin embargo, en otros escenarios, solo algunas ciudades importantes serían destruidas, la enfermedad por radiación estaría limitada y la economía de Estados Unidos tendría la capacidad de recuperarse en unas pocas décadas. Kahn creía que la guerra nuclear no solo era posible, sino que también se podía ganar. Con una frialdad pasmosa, en su obra llegaba a enumerar el número de ciudadanos estadounidenses que podrían morir en varios escenarios y el tiempo necesario para la recuperación económica de Estados Unidos. Su escalofriante conclusión era que una pérdida de hasta 20 millones de vidas era «aceptable» en un conflicto nuclear, si eso permitía que su país saliese victorioso. Estados Unidos podría recuperarse de la tragedia resultante de la pérdida una porción sustantiva de sus ciudadanos. Según este analista, aquellos que sobreviviesen podrían llevar «vidas normales y felices» y no sufrirían tanto como para «envidiar a los muertos».

El pujante movimiento antinuclear de la época no tardó en calificar su libro de «tratado moral sobre el asesinato en masa», e incluso el director de cine Stanley Kubrick se inspiraría en Kahn para su personaje de un científico loco interpretado por Peter Sellers en su sátira nuclear de 1964, *Dr. Strangelove* («Teléfono Rojo, volamos hacia Moscú» en la versión doblada al español).

A pesar de los controvertidos orígenes de la propuesta metodológica de los escenarios, la idea sería retomada con un enorme éxito por Pierre Wack, jefe de planificación de la petrolera Royal Dutch Shell. A principios de la década de los setenta, refinó el planteamiento hasta convertirlo en una metodología coherente. El objetivo no era hacer la «previsión correcta», una tarea imposible en un mundo cada vez más incierto, sino «aceptar la incertidumbre». Los futuros eran múltiples, y por tanto lo que debía intentar era identificar tres o cuatro, al menos uno de los cuales sería un escenario de continuidad y otro una alternativa de baja probabilidad, pero de gran impacto para el negocio. Las implicaciones de cada uno de estos escenarios eran detalladas con minuciosidad para intentar que su empresa estuviese preparada, ideando formas de resistir a los hipotéticos vaivenes que podían afectar al desarrollo del negocio petrolero.

Wack terminaría saltando a la fama dentro del mundo empresarial al anticipar un escenario similar al que tuvo lugar con la crisis de los precios del petróleo en 1973. Este ejecutivo se dio cuenta de que los Estados árabes del cártel de la OPEP tenían incentivos para restringir la oferta de crudo y hacer subir la cotización mundial del petróleo. Esto era algo que rompía la tendencia asentada de un precio muy estable durante décadas. Royal Dutch Shell siguió el consejo y, a diferencia de lo que estaban haciendo otras empresas del sector que no comprendían la necesidad de modificar sus procedimientos, se adelantó a una posible subida de precios recortando sus costes operativos. Gracias a ese movimiento anticipatorio pudo capear el temporal de la crisis del petróleo con cierta holgura y convertirse en una de las empresas más importantes y rentables del mundo.

La planificación de escenarios pronto conquistó el mundo empresarial. Al comienzo de la década de los ochenta, alrededor de la mitad de todas las empresas de la lista *Fortune 1000* de EE.UU la utilizaban. Su prestigio dentro de las multinacionales hizo que también se extendiese a otros ámbitos como las políticas públicas, la demografía o la cooperación internacional. Sin embargo, siguió utilizándose principalmente como una herramienta para obtener una ventaja competitiva identificando tendencias de mercado, oportunidades comerciales y mitigar los riesgos financieros.

El principal legado de este método ha sido considerar el futuro como un espacio múltiple, donde conviven posibles mundos alternativos. El mañana no puede ser entendido de manera determinista, como algo que es único y no puede ser cambiado por el hombre. Este método aspiraba a trazar un «mapa» que describa los distintos lugares a los que puede llegarse en función de nuestras acciones en el presente[151]. Sin embargo, no conviene olvidar la advertencia del mariscal de campo alemán Helmuth von Moltke «el Viejo» cuando afirmaba que en aquellas situaciones «donde las guerras pueden tomar uno de los tres caminos disponibles, suelen optar por el cuarto».

---

[151] Bas, E. (2004) *Prospectiva. Cómo usar el pensamiento sobre el futuro.* Ariel.

## TENDENCIAS QUE NUNCA ACABAN

¿Es el futuro un mero azar? Hasta los autores que creen que el mañana está dominado por una incertidumbre radical consideran que sigue existiendo espacio para algún tipo de regularidad. El filósofo Roman Krznaric defiende[152], por ejemplo, que hay una serie de patrones que tienen cierta estabilidad a lo largo del tiempo, y es ahí donde tenemos algún asidero. Este pensador considera que hay algo que se ha repetido en las sociedades humanas en el pasado y que casi con toda seguridad seguirá apareciendo. Ese patrón es la curva en forma de S, que de poco nos sirve para predecir el comportamiento de la bolsa, o quién ganará unas elecciones, pero que lanza un mensaje sencillo, pero mucho más profundo: nada crece para siempre. Todo fenómeno experimenta una curva ascendente hasta alcanzar un punto de inflexión en el que la tasa de crecimiento del fenómeno en cuestión comienza a ralentizarse, hasta alcanzar un periodo de «madurez». A continuación, suele alcanzar un segundo punto de inflexión en el que desciende gradualmente hacia el «declive». Evidentemente no todas las curvas experimentan los mismos ritmos de crecimiento, estabilización y desplome, pero esta dinámica es común tanto al mundo natural como a los sistemas humanos, desde la propagación de las células cancerosas a la expansión de los imperios territoriales.

La idea de que la historia transcurre atravesada por movimientos ascendentes o descendentes tampoco es nueva. Se cuenta, por ejemplo, que Escipión Emiliano no pudo reprimir las lágrimas al contemplar la destrucción de Cartago, su acérrimo enemigo. Tras varios años de asedio, sus legiones consiguieron tomar e incendiar la ciudad, de la cual sólo quedaban cenizas. Una vez completada la misión de erradicar la principal amenaza a la que se enfrentaba Roma, la emoción le desbordó. Polibio, su amigo y mentor, le preguntó por el motivo de esa reacción. Escipión respondió con un fatalismo lúcido: «Es un momento glorioso, Polibio, pero tengo el terrible presentimiento de que algún día este mismo destino caerá sobre mi país»[153].

Desde la más remota antigüedad, filósofos e historiadores fueron conscientes de que los imperios no son eternos. El poder no sólo es fugaz, sino que toda historia de ascenso a la gloria lleva aparejada un fin trágico. La única incertidumbre es cuánto tiempo tardará en cumplirse ese fatídico destino al que están condenados los pueblos. Este meta-relato de las trayectorias del poder, aunque despojado de sus formulaciones poéticas, está arraigado en las proyecciones que realizan académicos, organizaciones internacionales y consultoras de negocios. Se trata de un marco de explicación sugerente. No promete anticipar eventos concretos, pero sí encajar y dar una supuesta coherencia a todo lo que pueda acontecer en un país.

---

[152] Krznaric, R. (2020). *The good ancestor: How to think long term in a short-term world*. Random House.
[153] Citado en Hernández, E. (2022). *El rencor de la clase media alta y el fin de una era*. Foca.

Todo depende de si hemos asumido que se encuentra en una senda ascendente o está enfilando un descenso hacia el fracaso colectivo. En teoría bastaría con observar la evolución de las grandes magnitudes económicas, demográficas, militares y de otro tipo dentro de un país, así como la de sus competidores y adversarios. De esa forma tendríamos evidencias para identificar en qué dirección va la línea. Sin embargo, este enfoque tiene dos grandes problemas.

En primer lugar, debido a que se resiste a fijar un horizonte temporal en el cual harán eclosión los efectos más evidentes de esa tendencia, con demasiada frecuencia se convierte en una especie de tautología cuyo principal propósito es añadir nuevos elementos que, supuestamente, validan una predicción que nunca llega a materializarse. Un ejemplo paradigmático de este peculiar razonamiento lo encontramos en la forma en la que muchos analistas han creído detectar signos evidentes del declive de los Estados Unidos. Los «declivistas» son tan numerosos que incluso han constituido una escuela de pensamiento según la cual la historia sigue una lógica subyacente resumida en este doble movimiento de auge y declive frente al cual ningún imperio o nación pueden escapar. Las heridas sociales y culturales que dejó tras de sí la participación estadounidense en la guerra de Vietnam llevó a muchos a anticipar que este país había iniciado su proceso inexorable de decadencia que le llevaría a ser desplazado como superpotencia por otro competidor con mucha más energía y determinación: la Unión Soviética. Esta visión permeó no sólo el sustrato intelectual del país, sino también a su élite política, la cual no ha dejado de percibir que el país se encuentra rodeado de amenazas existenciales que hacen que esta superpotencia siempre se encuentre en la cuerda floja. Este estado de opinión explica el inesperado éxito de ventas que supuso la aparición en 1987 de un libro académico de más de mil páginas titulado: *Auge y caída de las grandes potencias*. Su autor, un reputado historiador británico llamado Paul Kennedy mantenía una tesis sencilla: cuanto más aumenta el poder de un estado, mayor es la proporción de sus recursos que debe dedicar a mantener ese mismo poder. Si una proporción demasiado grande de los recursos nacionales se destinan a fines militares, esto a la larga conduce a una pérdida de poder. El músculo económico de una potencia es fundamental para que esta pueda imponerse frente a sus competidores o enemigos. Sin embargo, hay momentos donde una potencia, a pesar de encontrarse en su momento de mayor poder, ha sacrificado por el camino la salud de su base económica, de ahí que, a pesar de encontrarse en una posición hegemónica, ya ha iniciado la senda hacia el ocaso debido a su incapacidad para asegurar los recursos suficientes para sostener su expansión militar.

Kennedy recurre a casi 500 años de historia para justificar como el auge y la caída de imperios tan diferentes como el español, holandés, francés y británico. Sin embargo, su principal mensaje iba dirigido hacia el presente. Según este historiador, Estados Unidos no sólo no era una excepción a esa regla, sino que claramente se encontraba inmerso es ese ciclo de declive frente al auge de su competidor comunista. Este proceso era inevitable teniendo en cuenta la sobre-expansión de Estados Unidos durante las últimas décadas con el único propósito de ganar la Guerra Fría. De ahí que la «la tarea» a la que debían resignarse los gobernantes estadounidenses era «reconocer que las tendencias generales están en marcha» y gestionar el desplome del país para que «la erosión relativa de la posición de los Estados Unidos se produzca lenta y suavemente».

Que tan sólo dos años después de la aparición de este superventas, fuese la Unión Soviética (a la que estimaba una buena salud), la que terminó implosionando, no restó un ápice de confianza a los «declivistas». En definitiva, se trata de un enfoque basado en la percepción de hacia dónde su mueven las fuerzas históricas, no en los datos. Aunque un país puede seguir siendo una potencia mundial en términos de economía, influencia política y poder militar, sus partidarios siempre detectarán numerosas evidencias de la fatiga y debilidad de un sistema que no puede perpetuarse eternamente.

El argumento de Kennedy resulta lógico y tiene una clara coherencia interna. ¿Pero tiene sentido apuntar supuestas tendencias cuando estas no pueden concretarse en algún tipo de horizonte temporal? Estados Unidos supuestamente lleva experimentando un declive continuado durante más de medio siglo, lo que supone que ha estado más tiempo descendiendo que ascendiendo. Esta decadencia no le ha impedido seguir ejerciendo como la principal potencia del planeta en cualquier nivel al que queramos aludir. La profecía del ocaso de Estados Unidos recuerda a una de las frases más mordaces y mal intencionadas del político socialista Alfonso Guerra dirigidas a su rival político, el Partido Popular, el cual, cada cierto tiempo anunciaban su refundación ideológica hacia posturas más moderadas: «¿De dónde vendrá el PP, que lleva tantos años viajando al centro?» Esto se podría plantearse en esos otros términos: ¿De dónde vendrá Estados Unidos que lleva tanto tiempo viajando hacia el desastre?

La principal objeción que puede plantearse es la constatación histórica de que los grandes procesos de cambio político y social no siempre se desarrollan de manera lineal. Su despliegue está repleto de oscilaciones que explican el ritmo y la intensidad con la que son adoptados por la sociedad. En ocasiones estas perturbaciones adquieren la forma de un verdadero cataclismo que permite dibujar claramente el momento exacto en el que se produce un antes y un después en la historia. El ataque japonés a Pearl Harbor, el bombardeo americano de Hiroshima y Nagasaki, la caída del muro de Berlín o los atentados del 11 de septiembre encajan perfectamente como uno de esos acontecimientos transformadores que reordenan de manera instantánea todas las prioridades. Sin embargo, la forma en la que se desarrolla la pugna por el poder y la conflictividad también es susceptible de evolucionar de manera progresiva y continuada[154].

---

[154] Torres Soriano, M. R. (2019). El futuro de la competición estratégica a través del ciberespacio, *IEEE*.

Cuando tratamos de identificar las tendencias del pasado para desencriptar hacia donde se encamina el futuro incurrimos continuamente en un «determinismo gradual»[155]: albergamos la sensación de que lo ha ocurrido era en realidad inevitable, nos convencemos de que los acontecimientos sorpresivos eran en realidad más que esperables. Empezamos a enlazar eventos pasados a los que nadie concedió relevancia y les damos una nueva trascendencia a la luz de lo que tiempo después terminó pasando. Creamos un relato donde todo encaja y eso nos empuja inconscientemente a pensar que el mañana está determinado y que podemos llegar a él reordenando todas las piezas sueltas hasta llegar a completar ese puzle.

La historia también puede ser una mala consejera por otros motivos. Nadie discute que la experiencia y un conocimiento profundo sobre los eventos del pasado constituye una sólida base para formular predicciones. Sin embargo, estas intuiciones solo son fiables cuando los individuos acumulan experiencia haciendo juicios en un entorno predecible[156]. Así, por ejemplo, para un médico de urgencias que debe atender a un paciente que ha sobrevivido a un grave accidente de tráfico, la acumulación de años de experiencia en situaciones similares, le puede resultar enormemente útil para adoptar de manera instantánea decisiones que serán críticas para salvar esa vida. La experiencia hará que sus intuiciones sean más precisas. Existe una relación sólida entre las pautas de lo que ha visto antes y lo que encuentra en ese instante. En cambio, si estamos hablando de un analista de inteligencia al que se le está pidiendo su juicio experto sobre cómo puede evolucionar un conflicto armado, resulta que los acontecimientos del pasado no tienen implicaciones fiables para el presente. Existe una diferencia fundamental entre las predicciones que pueden formular las personas que trabajan en entornos donde las relaciones de causa-efecto son bastante consistentes, y aquellos otros que no pueden beneficiarse demasiado de la experiencia. En un mundo que cambia rápidamente, las lecciones del pasado, por el contrario, nos pueden llevar por la dirección equivocada. Nuestro mundo es cada vez más impredecible, y esto hace que la intuición de aquellos que acumulan décadas de vivencias sea cada vez menos fiable.

La incertidumbre ha aumentado a tal nivel que la predicción del futuro no es que se parezca a un cono que se abre a múltiples escenarios, sino que es metafísicamente imposible tratar de dibujar los posibles derroteros porque los acontecimientos y variables que entran en juego son cada vez más interdependientes y globalizados. De hecho, la posibilidad de un contagio rápido y los llamados «efectos mariposa» hacen que incluso anticipar a corto plazo sea casi imposible[157].

[155] Gladwell, M. (2013). *Lo que vio el perro: y otras aventuras*. Taurus
[156] Grant, A. (2022). *Piénsalo Otra Vez*. Editorial Planeta
[157] Krznaric, R. (2020). *The good ancestor: How to think long term in a short-term world*. Random House.

# IV

# TEORÍAS QUE FALLAN

La realidad es tan compleja, y son tantas las variables que tendríamos que barajar para comprenderla, que resulta inevitable acudir a simplificaciones para intentar entender algo de lo que acontece a nuestro alrededor. Tratar de abarcar todo aquello que ejerce algún tipo de influencia, por mínima que sea, lejos de crear una explicación más completa, nos lleva a la saturación. No tenemos capacidad para gestionar y procesar toda la información relevante, y esto es algo que los instrumentos tecnológicos no han alterado de manera sustancial.

Los científicos consiguen algún avance cuando ponen su foco de atención en una única o en conjunto reducido de variables explicativas. Crear una teoría implica necesariamente ignorar o minimizar el papel que ejercen otros factores, y, por tanto, toda teorización no deja de ser una cierta forma de falsear la realidad reduciéndola a un relato asequible. Pero como nos recuerda el escritor francés Paul Valery: «Lo simple no es verdad, y lo complejo es inoperante».

Un mismo hecho fundamental puede terminar explicándose desde un número inagotable de respuestas. Pensemos, por ejemplo, que la caída del Imperio romano de Occidente ha sido interpretada como el resultado de no menos de doscientas causas distintas dependiendo del historiador al que recurramos[158]. Y aunque todos estos especialistas suelen coincidir a la hora de identificar los fenómenos que intervinieron en este proceso histórico, no sucede lo mismo cuando deben apostar por uno de ellos por encima del resto: sea este la debilidad institucional, la corrupción, el declive económico, la presión de los pueblos invasores, las enfermedades infecciosas o el cambio climático. Sin embargo, esta es la única estrategia que permite que nuestras preguntas obtengan algún tipo de respuesta, por imperfecta y

---

[158] Citado en MacAskill, W. (2023). *Lo que le debemos al futuro*. Deusto

provisional que esta pueda resultar. En palabras del matemático británico George Box, «todos los modelos son erróneos, pero algunos son útiles».

Las teorías son, por tanto, necesarias, no sólo para entender el pasado y el presente, sino también para especular sobre el futuro. Cualquier ejercicio de prospectiva se apoya en una serie de asunciones sobre cómo funciona el mundo y cómo se comportarán los actores que habitan en él. Estas teorías crean los marcos intelectuales dentro de los cuales discurren los razonamientos que llevan a un analista a estimar que la realidad se moverá en una u otra dirección.

Karl Popper, el más importante filósofo de la ciencia, afirmaba que nuestras hipótesis sobre la realidad no podían considerarse científicas a menos que fuera falsables, es decir, que se pudiera probar en el mundo real mediante pruebas. Este es uno de los principales problemas que encontramos en algunas de las teorías más populares e influyentes: no son en absoluto falsables o necesitan grandes periodos de tiempo para poder contrastarlas. Podemos formular, por ejemplo, una teoría sobre como una determinada formulación de la ley electoral modifica el comportamiento de los votantes a la hora de emitir sus preferencias, y solo necesitaríamos la celebración de algunos comicios para obtener las evidencias necesarias para falsearla. Sin embargo, si formulamos una teoría sobre cómo la configuración del sistema institucional afecta a la cultura política de una sociedad, necesitaríamos varias generaciones para obtener alguna evidencia que, solo nos serviría de manera muy limitada, para llegar a alguna conclusión. El hecho de que las pocas teorías que podemos poner a prueba hayan arrojado resultados bastante pobres, también nos sugiere que muchas de las ideas que no hemos podido probar también están muy equivocadas.

Las malas explicaciones son una pesada ancla que lastra aún más nuestra reducida capacidad para anticipar el futuro. Kahneman llamó a este efecto «ceguera inducida por la teoría»: la adhesión a una creencia sobre cómo funciona el mundo que no deja ver cómo funciona realmente[159]. O, dicho de otro modo, las teorías que hemos generado para facilitar nuestra comprensión de la realidad son la principal causa de que no seamos capaces de entenderla. Arthur Conan Doyle ponía en boca de Sherlock Holmes esa idea: «Es un error capital teorizar antes de que uno tenga datos. Insensiblemente, uno comienza a distorsionar los hechos para adaptarse a las teorías, en lugar de teorías para adaptarse a los hechos». Este efecto pernicioso se manifiesta de manera sutil, de hecho, lo habitual es que la persona que se ve sometida a sus efectos ni siquiera sea consciente de que su proceso de

---

[159] Citado en Shirky, C. (2010). *Cognitive surplus: Creativity and generosity in a connected age*. Penguin Press.

razonamiento se encuentra cimentado sobre una determinada explicación de la que nunca ha oído hablar.

El principal motivo por lo que algo se convierte en una mala teoría tiene que ver con el hecho de que en su pretensión de despojarse de los factores menos relevantes termina incurriendo en una simplificación extrema, donde prácticamente todo puede explicar por la acción de una única o un número reducido de premisas.

## EL OSCURO MAGNETISMO DE LA GEOPOLÍTICA

Cuando hablamos de geopolítica estamos hablando de una forma de explicar el mundo que no ha dejado de ganar popularidad. Sus seguidores obtienen una explicación global de la realidad, una supuesta brújula que permite anticipar el comportamiento de cualquier estado. Sin embargo, este recobrado protagonismo no deja de ser el último movimiento de un péndulo que se regresa desde el descrédito más profundo. En 1954, el geógrafo estadounidense Richard Hartshorne arremetió contra la geopolítica calificándola de «veneno intelectual». La academia estadounidense consideró de manera mayoritaria que era intelectualmente fraudulenta, empíricamente distorsionada, ideológicamente sospechosa y estaba profundamente manchada por su asociación con el nazismo y otras variantes del fascismo, como el italiano y el japonés[160]. Efectivamente, las premisas en las cuales se apoyaba la geopolítica fueron tremendamente atractivas para aquellos académicos alemanes que quisieron dar una pátina de racionalidad estratégica a las políticas de expansión territorial y dominio del régimen de Hitler. La idea de las naciones-estado consideradas como un super-organismo, que necesita de un «espacio vital» (Lebensraum), proporcionó una coartada intelectual al militarismo más agresivo. Cuando terminó la Segunda Guerra Mundial, la geopolítica estaba ampliamente repudiada por el soporte que había ofrecido al totalitarismo. Toda una generación de estudiosos de posguerra y sus libros de texto sobre geografía política decidieron simplemente omitirla de sus debates.

Este enfoque emplea marcos geográficos para dar sentido a los asuntos mundiales. Expresiones que tienen una clara paternidad geopolítica como «esfera de influencia», «bloque», «patio trasero», etc. han terminado convirtiéndose en términos habituales de la discusión pública. Hay varias razones que explican este auge contemporáneo, pero entre todas ellas destaca el hecho de que resulta muy fácil orientarla hacia la predicción política. A priori parece que nos ofrece pautas sobre el comportamiento probable de los Estados ya que entiende que sus intereses son fundamentalmente inmutables y por tanto podemos anticipar cómo tratarán

---

[160] Dodds, K. (2019). *Geopolitics: A Very Short Introduction*. Oxford University Press

de avanzar hacia su consecución. Los Estados necesitan asegurar sus recursos, proteger su territorio, incluidas las fronteras, y gestionar sus poblaciones.

Sin embargo, hay varios problemas graves con en esta premisa. En primer lugar, asume que el territorio determina el destino de cualquier nación, lo que termina eclipsando cualquier otra variable. Todo se puede reducir a un puñado de mapas que dan sentido a cualquier evento internacional. El presidente francés, Charles de Gaulle, llegaría a hablar del «destino controlador de la geografía».

La geopolítica puede resultar tan seductora a la hora de interpretación del mundo porque es una forma extrema de simplificación de la realidad. Nos aporta esa embriagadora sensación de entendimiento de cualquier incógnita a la que hagamos frente, sin importar demasiado la superficialidad de nuestro conocimiento sobre el contexto, los actores implicados, la historia, etc. Todo se reduce a un conjunto fácilmente entendible de pautas de comportamiento de los Estados, a las cuales se añaden toda una serie de descripciones geográficas evocadoras, metáforas u ocurrencias conceptuales que nos hacen creer que podemos dominar los resortes más profundos de las fuerzas que mueven la historia. Los cambios tecnológicos y culturales no siempre son bien recibidos por los defensores de estos esquemas, que prefieren seguir anclados en el esencialismo de los accidentes geográficos, la pulsión que lleva a los estados a querer acaparar recursos naturales y el recurso permanente a la guerra para dirimir las luchas por el poder. La retórica y la épica de las historias que hablan de telones de acero, estados canalla, centro y periferia y cualquier otro atajo que reduzca la complejidad siempre tendrá un ejército de adeptos.

La máxima de «la historia no se repite, pero rima» resulta engañosa. La historia ofrece a menudo lecciones contradictorias, cada una con algo de verdad, pero su utilidad para sacar lecciones que nos sirvan de guía es muy limitada[161]. El periodista James Fallows relata[162], por ejemplo, que recuerda haber visto a funcionarios americanos leyendo libros sobre la reconstrucción estadounidense de Alemania y Japón tras la IIGM en un avión con destino a un Irak que acababa de ser invadido. Estos casos de éxito ofrecían la halagadora «lección» de que su país podía convertir a antiguos enemigos en aliados democráticos. Pero también existían otros contraejemplos a los que podían haber recurrido donde se muestra a América fracasando en el intento de transformar a su semejanza a sociedades extranjeras.

[161] Stieb, J. (2024, Febrero 6). History Has No Lessons for You: A Warning for Policymakers. *War on the Rocks*. Recuperado de https://warontherocks.com/2024/02/history-has-no-lessons-for-you-a-warning-for-policymakers/

[162] Fallows, J. (2006). *Blind Into Baghdad: America's War in Iraq.* Knopf Doubleday Publishing Group

Cuando necesitamos evaluar una situación y llegar a una decisión, es muy probable que tengamos más información de la que podemos manejar, de ahí que recurramos a ciertas analogías del pasado para intentar para separar lo que es importante de lo que no lo es. Si el presidente Bush o el primer ministro Blair deciden que el carácter y las intenciones de Saddam Hussein se asemejan más a Hitler que a cualquier otro modelo, eso les sugiere algunas formas de tratarle.

El uso de analogías históricas para entender la evolución del presente se enfrenta a una gran paradoja. Las lecciones muy específicas tienen poco valor para aplicarlas a nuevos casos. Sin embargo, las lecciones generales que, resultan mucho más fácil de aplicar, suelen ser tan banales que no ofrecen ninguna perspectiva útil.

Hay dos conceptos clave para entender lo estéril que resulta proyectar mirando el pasado: contexto y contingencia. El contexto implica la mezcolanza de factores sociales, políticos, económicos, intelectuales, medioambientales y de otro tipo que conforman el entorno en el que las personas viven y actúan en un momento dado. Todos los contextos históricos son diferentes; el mundo de 2050 no será como el de hoy, el cual no es como el de 1989, y mucho menos como era el mundo cuando Julio Cesar cruzó el Rubicón en el año 49 a.C. Para entender cualquier decisión o política, evidentemente, hay que tener en cuenta el contexto en el cual se produce, sin embargo, estas diferencias hacen que generalizar entre contextos sea innatamente difícil.

Las contingencias, por el contrario, son esos puntos de bifurcación de la historia en los que las cosas podrían haber sido fácilmente diferentes debido a sucesos impredecibles, inusuales y a menudo pequeños, cuya importancia a veces sólo queda clara si los vemos en retrospectiva[163]. La idea de que cualquier acontecimiento viene determinado inevitablemente por grandes fuerzas estructurales choca con la tozuda realidad de que las personas pueden reaccionar de forma diferencial ante circunstancias similares. Cada persona es un protagonista único e irrepetible de la historia y esto es algo que no se puede modelizar.

Si hay alguna lección de la historia, no es que las montañas, la cercanía al carbón, o el equilibrio de poder mueven a las naciones, sino una advertencia sobre la fragilidad de la razón humana. El historiador norteamericano Gordon Wood lo expresó de la siguiente manera: «La Historia no enseña muchas pequeñas lecciones. En la medida en que enseña alguna lección, sólo enseña una grande: que nada sale como sus protagonistas pretendían o esperaban»[164]. El célebre escritor y reportero de guerra Robert D. Kaplan también expresaba esa idea de una manera

[163] Gaddis, J. L. (2004). *The Landscape of History: How Historians Map the Past*. Oxford University Press
[164] Wood, G. S. (2008). *The Purpose of the Past: Reflections on the Uses of History*. The Penguin Press

más lírica: «Los mejores estudiosos de la historia habitan en esa misma dimensión eminente en la que viven los novelistas. Saben que dentro de los amplios límites de las grandes pautas determinantes solo reina el caos impredecible de las interacciones humanas, movidas por desfiguradores torbellinos de pasión y acción, hasta el punto de que los grandes acontecimientos pueden depender de un solo gesto o de un único comentario improvisado en una cumbre que revele el carácter del líder político de turno»[165]. El curso de la historia no sólo está condicionado por el carácter voluble y errático del hombre, sino por la caducidad de las metas que en cada momento se consideraban deseables. Como decía el escritor británico John Carey: «una de las tareas más útiles de la historia es hacernos comprender lo ardua, honrada y dificultosamente que las generaciones pasadas persiguieron objetivos que ahora nos parecen erróneos o vergonzosos»[166].

## LA SONRISA DE MAQUIAVELO

A Nicolás Maquiavelo se le considera el precursor de muchas cosas. Algunos autores lo ven como el primer teórico que hizo Ciencia Política, también como el impulsor decisivo de la llamada teoría realista, el enfoque analítico que goza de mayor aceptación en el ámbito de los estudios estratégicos. Y todo ello se debe a que este pensador florentino no creyó necesario contar con la moral para reflexionar sobre la política, un planteamiento absolutamente provocador en un momento histórico dominado por el pensamiento religioso. El italiano estaba convencido que eran órdenes distintos que obedecían a sus propias reglas. Por tanto, no debería haber obstáculos para plantear preguntas como «¿vale más ser amado o temido por tus súbditos?» y llegar a una conclusión en función de qué es más eficaz para mantener el poder: infundir el terror entre los gobernados o buscar deliberadamente su cariño. Para Maquiavelo, no había duda: «Dado que el amor y el miedo difícilmente pueden existir juntos, si debemos elegir entre ellos, es mucho más seguro ser temido que amado».

Cuando su guía para gobernantes «modernos», *El Príncipe,* se difundió en 1532, cinco años después de su muerte, su nombre se convirtió en uno de lo más denostados de la historia. Un cardenal inglés, Reginald Pole, lo declaró «enemigo de la raza humana». Voltaire consideraba que «había corrompido el mundo con sus libros» y Rousseau veía en él «un enemigo de la libertad, la virtud y la religión». Su terrible reputación no amainó con el paso de los años. Ya en el siglo XX, Bertrand Russell calificó a su libro como un «manual para gángsters».

---

[165] Kaplan, R. D. (2023). *La mentalidad trágica: Sobre el miedo, el destino y la pesada carga del poder.* RBA Libros.
[166] MacMillan M. (2014) *Usos y abusos de la Historia.* Ariel.

Lo maquiavélico se convirtió en sinónimo de la búsqueda amoral de un fin sin importar los medios empleados. La astucia combinada con el engaño, las dobleces y la falta de empatía. Nadie se sentiría demasiado cómodo recibiendo este apelativo, pero ese no era el caso del profesor John Mearsheimer, uno de los principales cultivadores de la teoría realista de las relaciones internacionales. Cuando en 2016 aceptó la invitación para dar una conferencia por parte de una asociación de estudiantes de la Universidad de Pensilvania llamada Sociedad Filomática, sus miembros decidieron obsequiarle con un cuadro. Se trataba de un fotomontaje elaborado a partir del retrato más conocido de Nicolás Maquiavelo, en esta nueva versión la cabeza del académico estadounidense había reemplazado la del filósofo renacentista. Los estudiantes bromearon con que el título del cuadro era «Merchiavelli». Este veterano profesor lejos de sentirse incómodo con esta fusión de personalidades decidió utilizar ese cuadro como imagen de bienvenida a su página web.

Mearsheimer admite que su versión del realismo «no es una historia bonita», especialmente si se compara con el lenguaje edificante de la política estadounidense: progreso, derechos humanos, cooperación, mercados abiertos, democracia. «El liberalismo lleva implícita la creencia en el progreso, en que es posible hacer del mundo un lugar mejor. El realismo dice que eso no es posible. La política internacional es una tragedia: siempre lo ha sido, lo es hoy y siempre lo será. Los que creen que se puede escapar de la jaula de hierro y trascender este mundo hobbesiano están delirando. Mi argumento molesta»[167]. Y por esa razón, considera una especie de reivindicación el que no sea una figura especialmente querida dentro de su propio país, a pesar del enorme impacto de sus teorías. Fuera de la academia, Mearsheimer tiene pocos amigos en Washington. Si a él no le gusta la élite de la política exterior, el sentimiento es mutuo. «Nunca me invitan a grupos de reflexión, ni me consultan los responsables políticos. Soy un pez fuera del agua en la capital»[168].

El realismo, considera que comportamiento de cualquier estado puede ser reducido a una serie de premisas elementales: las naciones viven en un entorno anárquico donde son las responsables únicas de garantizar su propia supervivencia. Sus partidarios no confían demasiado en la naturaleza humana. La propensión del hombre a conseguir sus objetivos pasando por encima de los demás hace que la guerra sea una tentación en la que han caído una y otra vez. Las naciones albergan una sensación permanente de inseguridad, lo que les empuja a incrementar

[167] Jacobson, G. (2023, 3 octubre). The tragedy of John Mearsheimer. *New Statesman*. https://www.newstatesman.com/ideas/2023/09/tragedy-john-mearsheimer

[168] *Idem*.

su poder como única estrategia posible para garantizar su viabilidad. A partir de estas premisas emergen diferentes variantes del realismo, incluyendo aquellas que, como el llamado «realismo ofensivo», encabeza John Mearsheimer[169]. Para este profesor, el esquema de análisis realista puede ser simplificado aún más. Para entender cómo funciona las dinámicas de poder no es necesario centrar la atención en los casi doscientos estados que componen la sociedad internacional, en realidad sólo cuentan aquellos que este autor considera «grandes potencias»: aquel reducidísimo conjunto de países que tienen el suficiente poder como para plantearse alterar a su favor el statu quo. Para entender el comportamiento de estos actores tampoco es necesario mirar en su interior. Resulta irrelevante que su organización política sea la propia de una democracia liberal o la de una dictadura unipersonal. Los estados tienen la supervivencia como su principal objetivo y esto hará que se comporten de manera similar a un mismo estímulo sin importante quien, ni cómo detente el poder.

Estos modelos de interpretación del presente (y cómo se será el futuro) suelen recurrir a la historia para justificar que sus premisas están validadas por el comportamiento de los estados a lo largo de múltiples periodos y en diferentes contextos. Mearsheimer elige para su libro *The Tragedy of Great Power Politics* los ejemplos de Japón (desde la Restauración Meiji hasta la derrota en la Segunda Guerra Mundial), Alemania (desde Bismarck hasta la derrota de Hitler), la Unión Soviética (desde 1917 hasta 1991), Gran Bretaña/Reino Unido (desde 1792 hasta 1945) y Estados Unidos (desde 1880 hasta 1990). Sobre la base de estos estudios de casos, cree que su teoría está lo suficientemente validada. Sin embargo, su elección de los países, y del momento histórico, es manifiestamente arbitraria. Es significativo, por ejemplo, que el comportamiento de las naciones europeas sólo le resulte interesante hasta el fin de la IIGM, pero no con posterioridad. De hecho, en ese periodo se produce en el continente una transformación radical en la política de sus miembros, un cambio que contradice de manera frontal las tesis de su libro. Europa pasó de ser el continente de la guerra a convertir en el mayor y más exitoso experimento de integración política entre países enfrentados durante siglos. Europa no sólo inicio el mayor periodo de paz ininterrumpida, sino que las tradicionales rivalidades quedaron disipadas a medida que se integraban sus economías y se creaba un entramado institucional que hizo posible un profundo cambio cultural. La hipótesis de un enfrentamiento armado entre las mismas naciones que, tan sólo unas décadas atrás, habían estado enzarzadas en una guerra total, ahora se contemplaba como un escenario descabellado. Posiblemente, porque el comportamiento de esos estados no se amoldaba a la teoría, este profesor dejó de

---

[169] Mearsheimer, J. J. (2014). *The tragedy of great power politics*. WW Norton.

prestar atención a Alemania. Lo que hasta la IIGM era un ejemplo consumado de gran potencia que necesita de manera permanente incrementar su poder y buscar la hegemonía regional, se convierte sorprendentemente en un país que decide mantener de manera consciente unas fuerzas armadas débiles y eludir cualquier tipo de liderazgo en política de defensa. ¿Cómo encajaba esa realidad con una teoría que ignora deliberadamente lo que sucede en el nivel interno de los países y proclamaba que estos tienen unos incentivos permanentes para incrementar su poder a costa de los demás? Francamente mal, por eso, ignora esos ejemplos, al igual que no presta ninguna atención al comportamiento de aquellos otros países que, al no considerarse «grandes potencias» no le suscitan ningún interés. ¿Cómo de sólidos serían los argumentos a favor del realismo ofensivo si se analizaran las políticas de, por ejemplo, Suecia, Hungría, México o Egipto? En la medida en que estos países, al igual que las grandes potencias, forman parte de un sistema internacional anárquico, no hay razón para que el argumento no los incluya a ellos también. Sin embargo, un examen cuidadoso mostraría probablemente que la mayoría de los países temen a otros sólo en circunstancias especiales: cuando existe un conflicto objetivo de intereses entre ellos o, quizás, cuando uno piensa que el otro está impulsado internamente a actuar agresivamente, no de otro modo[170].

En 2015 dio una conferencia en la Universidad de Chicago donde analizaba los recientes sucesos que habían dado como resultado la anexión de Crimea por parte de Rusia y su control de facto de una importante fracción del territorio ucraniano utilizando tácticas híbridas para desestabilizar a su vecino. Para este académico no había que culpar a Rusia, por el contrario, en un artículo titulado «Por qué la crisis de Ucrania es culpa de Occidente: Los delirios liberales que provocaron a Putin»[171], desarrollaba su argumento de que era Estados Unidos y sus aliados los que han incrementado innecesariamente el sentimiento de amenaza en Rusia por la expansión permanente de la OTAN hacia países que anteriormente estaban situados en la esfera de influencia soviética. Se negaba a contemplar cualquier tipo de agenda imperialista por parte del régimen de Vladimir Putin, o a considerar que los ucranianos tuviesen algún tipo de voz a la hora de decidir sobre sus vidas. Todo se limitaba a la política de las grandes potencias y como intentan balancearse unas a otras para impedir que su rival adquiera demasiado poder. Rusia había librado una guerra preventiva para conjurar una amenaza a su seguridad, y eso era algo natural y perfectamente comprensible.

---

[170] Nincic M. The Tragedy of Great Power Politics. By John J. Mearsheimer. New York: W. W. Norton, 2001. 448p. *Perspectives on Politics.* 2003;1(1):232-233.

[171] Mearsheimer, J. J. (2024, 5 marzo). Why the Ukraine Crisis Is the West's Fault: The Liberal Delusions That Provoked Putin. *Foreign Affairs.* https://www.foreignaffairs.com/articles/russia-fsu/2014-08-18/why-ukraine-crisis-west-s-fault

Mearsheimer se situaba en contra de la posición casi unánime de las élites políticas y académicas de su país. Incluso algunos de sus más fieles defensores consideraban que «había ido demasiado lejos» y que su argumento para legitimar la agresión rusa era «imperdonable»[172]. Se había convertido en uno de los pensadores más detestados del planeta, pero su nuevo status como celebridad que había trascendido el ámbito de los circuitos universitarios, y eso le agradaba. Cuando un periodista le preguntó sobre cómo se sentía al saber que la grabación de su conferencia había recibido 25 millones de visitas en Youtube, no dudó en corregir a su interlocutor: ««¡Veintinueve millones y medio!», revelando que no perdía de vista el contador.

Rechazado en su patria, fue abrazado con entusiasmo por los enemigos de su país. En 2016 fue invitado a una conferencia en Sochi, Rusia, la cual contó con la presencia del propio Vladimir Putin. Su impresión sobre el ruso fue inmejorable: «tiene unos conocimientos extraordinarios y una capacidad analítica de primer orden, además de una verdadera presencia de mando (...) es un estratega de primera clase, Occidente se enfrenta a un adversario formidable.»[173]. Su redescubierto estrellato también llegaba a China: «Cuando voy a Pekín, me siento más a gusto intelectualmente, y en términos de pensamiento sobre política exterior, que en Washington. Los chinos son realistas hasta la médula».

El 24 de febrero de 2022 se hacía realidad la predicción de este profesor de la Universidad de Chicago: Rusia invadía el territorio ucraniano utilizando todo su poderío militar. Pero fueron pocos los que dieron crédito a sus advertencias. Mearsheimer era alguien que había «perdido su reputación y credibilidad»[174]. El realismo también resultaba profundamente dañado con esta aventura bélica. Las predicciones realistas habían drenado la dimensión moral de la política mundial, legitimando los apetitos imperialistas y «culpando a la víctima». La historiadora Anne Applebaum consideraba que la respuesta ucraniana demostraba «que las naciones no son piezas de un juego de Risk. No tienen, como algunos académicos han imaginado durante mucho tiempo, intereses eternos u orientaciones geopolíticas permanentes, motivaciones fijas u objetivos predecibles»[175]. Los hombres no

---

[172] Jacobson, G. (2023, 3 octubre). The tragedy of John Mearsheimer. New Statesman. https://www.newstatesman.com/ideas/2023/09/tragedy-john-mearsheimer

[173] *Idem.*

[174] Douthat, R. (2022, 9 marzo). Opinion | They Predicted the Ukraine War. But Did They Still Get It Wrong? *The New York Times.* https://www.nytimes.com/2022/03/09/opinion/ukraine-russia-invasion-west.html

[175] Applebaum, A. (2022, 2 marzo). What Putin's Invasion Has Already Changed. *The Atlantic.* https://www.theatlantic.com/ideas/archive/2022/03/putins-war-dispelled-the-worlds-illusions/623335/

siempre reaccionan como se espera, y actos de valentía personal, como la decisión del presidente ucraniano Volodimir Zelenski, negándose a huir y animando a su pueblo a resistir la invasión, pueden ser decisivos para cambiar el curso de los acontecimientos.

El desprecio de sus colegas parecía importarle poco. Periodistas de todo el mundo se dirigían a él para conocer su evaluación sobre lo que estaba pasando y cómo podía acabar el conflicto. Sus entrevistas y conferencias aparecían en todo tipo de canales y perfiles en redes sociales, incluyendo los administrados por jóvenes *influencers* que citaban con asombro las capacidades adivinatorias de este viejo profesor. Merchiavelli contempla sonriendo cómo sube el contador de visitas.

## HAMBURGUESAS POR LA PAZ

Hay personas que nacen con la extraña habilidad de saber crear buenas metáforas. Thomas Friedman es una de ellas. Convertido en el periodista vivo con mayor número de premios Pulitzer (dos como corresponsal en El Líbano e Israel y otro como columnista del periódico *The New York Times*), está convencido de que la clave de su éxito es saber escuchar con respeto a la gente[176]. Sin embargo, resulta evidente que también domina el arte de convertir en una imagen atractiva hasta la teoría académica más tediosa. Así fue como creó la llamada «teoría de los arcos dorados». Según este escritor estadounidense los países que tienen en su territorio un restaurante McDonald's no van a la guerra contra otro «país McDonald's». Friedman no era la primera persona que había intuido que esta empresa podía servir como indicador de algo más profundo. En 1986 a los redactores de la revista *The Economist* se les ocurrió que existía una forma simple y divertida de evaluar si las diferentes monedas están sobrevaloradas o subvaloradas en relación con el dólar estadounidense. Era el llamado «índice Big Mac», una forma heterodoxa de comparar el poder adquisitivo de las diferentes divisas a través del precio de la hamburguesa más famosa de este restaurante. Debido a que el producto era elaborado de manera idéntica a lo largo del planeta, resultaba tremendamente sencillo comparar el precio entre diferentes países.

No era la primera vez que alguien acudía a la comida rápida como un sistema de alerta temprana. Se cuenta que, en plena Guerra Fría, los funcionarios soviéticos destinados en Washington D.C. vigilaban de manera obsesiva el tráfico de los repartidores de pizza a domicilio. Según los espías soviéticos, el aumento repentino de pedidos con destino al Pentágono, la Casa Blanca o la CIA era un indicador útil

---

[176] Friedman: «El mayor enemigo de la democracia en EEUU se sienta en el Despacho Oval». (2018, 5 marzo). *El Mundo.* https://www.elmundo.es/papel/lideres/2018/03/05/5a9bd-86446163f0d438b4649.html

para saber que algo grave estaba a punto de suceder en alguna parte y que Estados Unidos estaba implicado. La explicación tenía que ver con que los pedidos llegasen más allá de la hora habitual de cierre de los restaurantes. Los miles de empleados de los distintos edificios gubernamentales tenían que aprovisionarse de comida para encarar una larga noche. Frank Meeks, propietario de sesenta tiendas Domino's Pizza en Washington, se dio cuenta de que, en ocasiones, unos días antes de que se anunciara al público algún importante acontecimiento mundial, las entregas de sus restaurantes se disparaban. Lo llamó «el medidor de pizza». Con esa herramienta anticipó eventos como la invasión estadounidense de Panamá y la guerra del Golfo. Se cuenta que desde que los periodistas difundieron esta historia, el gobierno de Estados Unidos pide pizzas de manera más discreta[177].

Sin embargo, lo que proponía Thomas Friedman era mucho más osado que la creación de un mero indicador. La presencia o ausencia de esta cadena de hamburgueserías podía anticipar donde tendrían lugar las guerras del futuro. La razón no se hallaba en la existencia de una conspiración según la cual los propietarios de esta multinacional movían desde las sombras los hilos de política mundial, sino en la constatación de que cuando esta franquicia se asienta en un país, esto se convierte en una señal inequívoca de que ha alcanzado un elevado nivel de interconexión con el resto del planeta. A partir de ese momento los líderes políticos dejan de percibir la guerra como un recurso útil para resolver disputas frente a otros países con los que se comparten intereses comerciales. Friedman alumbra su particular «teoría» en un momento de optimismo desbordante. La caída del Telón de Acero y el colapso del bloque comunista habían desencadenado un proceso de integración económica y cultural a escala global, los bienes y servicios, no era lo único que se movía libremente a través de las fronteras, también los capitales y la información.

Friedman convirtió en una imagen intuitiva el concepto desarrollado en la década de los setenta por los profesores Robert Keohane y Joseph Nye conocido como «interdependencia compleja». Para sus creadores, los Estados y otros actores internacionales estaban interconectados a través de una gran variedad de dimensiones, que no se limitaban a lo militar y lo político. El comercio, las finanzas, la tecnología, el medio ambiente y la cultura daban como resultado que las acciones de un actor tuviesen repercusiones en otros actores, y viceversa, creando una red de relaciones interconectadas que influía en el comportamiento y las decisiones de política exterior. El efecto más importante era que la interdependencia podía mitigar el conflicto entre los actores internacionales al crear incentivos para la

---

[177] Colás, X. (2024) *Putinistán. Un país alucinante en manos de un presidente alucinado,* La Esfera de los Libros.

cooperación y la resolución pacífica de disputas. Cuando dos países conectados necesitan resolver un problema entre ellos enviaban abogados, no soldados.

Para Friedman no había un indicador más poderoso de cómo un país se había entrelazado con el resto del mundo que el hecho de que en su territorio se alzasen los arcos dorados de la multinacional estadounidense. Esta empresa sólo puede ofrecer sus productos en un lugar que previamente se hubiese integrado en las cadenas de distribución globales y donde existiese unos mínimos de seguridad jurídica y económica. Esto hacía posible que un viajero pudiese comer exactamente el mismo Big Mac en Bangkok, Beirut o París, cuyos ingredientes y todo lo que rodea al proceso de elaboración y comercialización se basaba en un intrincado proceso logístico donde múltiples proveedores internacionales hacían posible el milagro.

A la premisa de la globalización económica había que añadir la homogeneización cultural. La expansión global de empresas multinacionales, no solo implica la propagación de sus productos y servicios, sino también la difusión de valores, normas y estilos de vida asociados con la cultura estadounidense. La «macdonalización» no solo transformaba los hábitos de consumo de las sociedades receptoras, sino que también influye en sus instituciones políticas, sociales y económicas. Cuando en 1992 abrió el primer McDonald's en Pekín, a poca distancia de la emblemática plaza de Tiananmen, el restaurante atendió a más de 40.000 comensales que no tuvieron problema en guardar cola durante horas para entrar en el establecimiento. Mientras que para un estadounidense McDonald's es sinónimo de comida rápida, barata y fácil de encontrar, en China, era algo muy diferente: un símbolo de estatus. «El Big Mac no sabe muy bien», reconocía uno de los primeros jóvenes en visitar el establecimiento, «pero la experiencia de comer en este sitio me hace sentir bien. A veces incluso me imagino que estoy sentado en un restaurante de Nueva York o París». Esa imagen de cosmopolitismo atraía incluso a los funcionarios del Partido Comunista que no dudaban en reservar el restaurante para las fiestas de cumpleaños de sus hijos[178].

Sin embargo, el verdadero poder de su metáfora sobre la ausencia de conflictos armados entre países globalizados se hallaba en que gozaba de una sorprendente validación empírica. Bastaba con enumerar todos los conflictos armados que habían tenido lugar en el planeta desde el desplome de la URSS para constatar que estos siempre se producían dentro y entre países donde la multinacional de la comida rápida no estaba presente. Aunque los 120 países con McDonald's también van a la guerra, estos nunca lo hacían contra otros países de su misma condición.

---

[178] Carter, J. (2021, 21 abril). The first McDonald's in Beijing was a symbol of engagement. *The China Project*. https://thechinaproject.com/2021/04/21/the-first-mcdonalds-in-china-was-a-symbol-of-engagement/

El mapa mundial de los arcos dorados se había convertido en una herramienta infalible de predicción de los conflictos bélicos.

Sin embargo, hay historias que son demasiado buenas para ser ciertas. Antes de 1999, cuando Friedman publicó su libro *The Lexus and the Olive Tree: Understanding Globalization*, el cual incluía su metáfora de los arcos dorados, ya se había producido las primeras excepciones a la regla. La apertura en 1988 del primer McDonald's en Yugoslavia no fue obstáculo para que esta república se viese envuelta en una guerra fratricida pocos años después, pero tampoco para que otros «países McDonald's» tomasen parte en el conflicto atacando militarmente a algunos de los contendientes. De hecho, el mismo año de la publicación de su libro se producía el último coletazo de este conflicto internacionalizado, cuando los aliados OTAN ejecutaron durante más de dos meses una campaña de bombardeos aéreos contra objetivos serbios, para forzar así la salida de sus tropas de la provincia rebelde de Kosovo. Todos los protagonistas de este conflicto formaban parte del club de la hamburguesa.

Las refutaciones a la teoría de los arcos dorados seguirían produciéndose de manera recurrente en los siguientes años. La primera, cuando Israel inició una guerra contra Hezbolá en el verano de 2006, como respuesta a una emboscada protagonizada que dio como como resultado el secuestro de dos soldados israelíes y la muerte de otros ocho en territorio fronterizo con El Líbano. Los defensores de esta teoría argumentaron que en puridad el conflicto no afectaba a dos «países McDonald's», sino que estaba siendo protagonizado por un estado contra una organización terrorista, aunque el escenario donde se desarrollaba el enfrentamiento sí era un territorio McDonald`s, cuyo gobierno asistía impotente a un conflicto iniciado por una organización armada que operaba de manera impune dentro de sus fronteras.

Sin embargo, las excepciones, siguieron produciéndose, de manera mucho más evidente y siempre con un mismo protagonista: Rusia. En 2008, el Kremlin envió sus tropas a Georgia para atacar al ejército de este país, el cual estaba intentado retomar el control sobre Osetia del Sur, una región separatista que había declarado su independencia de facto con el apoyo de Rusia. En 2014, este mismo país utilizó la fuerza para atacar a su vecino Ucrania y anexionarse la península de Crimea y tomar en control de facto de otros territorios fronterizos.

Los creyentes en el poder pacificador de los arcos dorados reconocieron el revés, pero advirtieron que la premisa seguía vigente, sólo había que observar qué estaba sucediendo con esta cadena de hamburgueserías en Rusia. Había transcurrido mucho tiempo desde que el primer McDonald's de la Unión Soviética abrió sus puertas a comienzos de 1990, y podía identificarse en este periodo una clara transformación de la postura de las élites políticas hacia este establecimiento.

Cuando el primer restaurante empezó a operar en la plaza Pushkin en el centro de Moscú, fueron miles los ciudadanos que acudieron en masa. La multitud era tan grande que se enviaron decenas de policías para controlar la situación. McDonald's ofrecía al *hommo sovieticus* la posibilidad de ver cómo era la vida más allá del bloque comunista. La gente de la URSS había escuchado tantas cosas sobre la cultura occidental, que los moscovitas se volvieron locos cuando se les dio la oportunidad de ver con sus propios ojos que sucedía dentro de una hamburguesería americana. El alboroto que provocó la apertura del primer McDonald's en Rusia no se desvaneció de inmediato. Durante años siguieron formándose largas colas para entrar, a pesar de que el precio de un Big Mac era similar a lo que tenía que pagar un ruso para adquirir un bono mensual de transporte público. La apertura del segundo restaurante en 1993 contaría incluso con la presencia del presidente Borís Yeltsin, el cual no tuvo inconveniente en fotografiarse ondeando una banderita con los arcos dorados[179]. Era una época muy distinta a la que protagonizaría Vladimir Putin tras su llegada al poder. A medida que las relaciones diplomáticas se iban deteriorando entre Rusia y Occidente, también se modificaba la forma en la que los dirigentes rusos percibían la presencia de este símbolo estadounidense en su territorio. El mítico local situado a unos cientos de metros de las murallas del Kremlin llevaba años sufriendo el hostigamiento de las autoridades locales, la cuales alegaban todo tipo de incumplimientos administrativos para sancionar el restaurante y llevar a sus propietarios al convencimiento de que sería mejor cerrarlo.

La invasión rusa de Ucrania no sólo fue el golpe definitivo a la teoría de los arcos dorados, sino también a la presencia de esta multinacional. Los responsables de la empresa reconocían que no les resultaba posible operar con normalidad en Ucrania, país que se había convertido en un escenario de guerra, sin embargo, seguirían pagando los salarios a sus empleados a la espera de que algún momento la situación cambiase. Sin embargo, la perspectiva con respecto a Rusia era completamente diferente. Después de más de treinta años, McDonald's decidió cerrar sus 850 establecimientos. El presidente ejecutivo de la compañía admitía «que las cosas no volverán a la normalidad. Rusia y Occidente van en dos direcciones muy diferentes»[180].

Un símbolo se combate con otro símbolo. Los locales fueron vendidos a un empresario ruso que se afanó en reabrir el negocio de manera inmediata, en esta ocasión con un nombre no muy prometedor: «Sabroso y ya». La reapertura del

---

[179] Yegórov, B. (2022, 11 marzo). Así de locos se volvieron los rusos con el primer McDonald's de la URSS (Fotos). *Russia Beyond ES*. https://es.rbth.com/historia/82507-primer-mcdonalds-urss-fotos

[180] BBC News Mundo. (2022, 16 mayo). Rusia y Ucrania: McDonald's abandona sus ventas en suelo ruso después de 30 años. *BBC News Mundo*. https://www.bbc.com/mundo/noticias-internacional-61471741

icónico local de la plaza Pushkin se hizo coincidir con el Día de Rusia, un festivo que marca la independencia del país. Cuando los nuevos propietarios subieron las persianas no encontraron las míticas colas de 1990, pero sí un cuantioso grupo de curiosos, incluyendo corresponsales extranjeros, que querían experimentar en primera persona cual era el sabor de esta nueva etapa en la que Rusia daba la espalda definitivamente a Occidente[181]. Extrañados comprobaban que, a pesar del cambio de nombres en el menú, sus productos seguían sabiendo prácticamente igual. Tal vez, nunca habían dejado de ser simplemente hamburguesas.

## EL DILEMA DEL DEMÓCRATA

Durante décadas las relaciones económicas entre el bloque de países democráticos y los países con regímenes autoritarios se han basado en una hipótesis de futuro: la teoría de la modernización, según la cual, la mejor forma de apoyar la democratización de estos países era abrirlos al comercio internacional[182]. La aceptación de las reglas del mercado, no sólo haría de estos gobiernos uno actores más previsibles y abiertos al compromiso, sino que también moderaría sus actitudes violentas y represivas. En paralelo, la participación en los mercados y el crecimiento económico terminaría transformando progresivamente la estructura social de estos países, dando lugar a la emergencia de una nueva clase media más educada, activa políticamente y dispuesta a exigir una mayor rendición de cuentas a sus gobernantes. Los líderes occidentales no tenían problema en reconocer abiertamente que, al adherirse a las normas comerciales globales, los chinos estaban introduciendo en sus fronteras un caballo de Troya que acabaría con la dictadura comunista. El presidente Bill Clinton defendía así la adhesión a la Organización Mundial del Comercio: «China no sólo acepta importar más de productos nuestros, sino también uno de los valores más preciados de la democracia: la libertad económica. Cuanto más liberalice China su economía, más liberará el potencial de su pueblo: su iniciativa, su imaginación, su extraordinario espíritu emprendedor. Y cuando los individuos tengan el poder, no sólo de soñar, sino de hacer realidad sus sueños, exigirán una mayor participación»[183].

[181] Muñoz-Ledo, R. (2022, 13 junio). Los restaurantes McDonald's en Rusia reabren con nuevo nombre e imagen. *CNN*. https://cnnespanol.cnn.com/2022/06/12/restaurantes-mcdonalds-rusia-reabren-nuevo-nombre-imagen-trax/
[182] Torres, M. R. (2019) El futuro de la competición estratégica a través del ciberespacio. *IEEE*. https://www.ieee.es/Galerias/fichero/docs_opinion/2019/DIEEEO89_2019MANTOR_ciber.pdf
[183] Clinton, B. (2000, 9 marzo) «Full text of Clinton's speech on China trade bill», de https://www.iatp.org/sites/default/files/Full_Text_of_Clintons_Speech_on_China_Trade_Bi.htm

La idea de que la apertura comercial y la liberalización política se apoyan mutuamente[184] permitió forjar metáforas como la del «dilema del dictador», según la cual, los autócratas tenían que enfrentarse a una disyuntiva existencial: si querían participar en los beneficios y la riqueza que proporciona el comercio internacional tendrían que rebajar el nivel de control que ejercen sobre la sociedad, permitiendo la iniciativa privada, la circulación de personas y los flujos de información. A medida que el país se hiciese más próspero se irían socavando las bases que permiten ejercer la autoridad política sin participación de los ciudadanos. La otra alternativa era mantener su férreo dominio sobre la sociedad, cerrado el país a los flujos económicos y de información, lo cual les mantendría en el poder, pero su país sería cada vez más pobre e irrelevante.

La espectacular transformación experimentada por China en las últimas décadas nos demuestra que el dilema del dictador era una simplificación que no ha conseguido atrapar la complejidad del cambio social y político en este país. Si bien queda poco de la estructura económica comunista, su élite política ha conseguido sumarse a los beneficios de participar en la economía global, sin que control político sobre la sociedad se haya visto sustancialmente debilitado. La narrativa sobre incapacidad de China para innovar, limitándose a robar y copiar los desarrollos de otros países, es anticuada y subestima su creciente pujanza tecnológica, la escala de sus inversiones y la tendencia a la planificación en el largo plazo[185]. Su habilidad para saber sortear las contradicciones entre las bases teóricas de su control político y la realidad social y económica de su país, se ha producido incluso con la irrupción de internet, una herramienta que algunos estimaron que haría imposible que el régimen comunista pudiese sobrevivir[186]. La política exterior estadounidense abrazó con pasión las promesas del «tecnoutopismo» desde los primeros compases de esta tecnología. Incluso cuando la Guerra Fría seguía activa, el presidente Reagan no dudo en proclamar que: «el Goliat del control totalitario será pronto derribado por el David del microchip» y que «el mayor de los Grandes Hermanos se halla cada vez más desvalido frente a la tecnología de las comunicaciones [...]. La información es el oxígeno de la era moderna [...]. Se filtra a través de

[184] Torres, M. R. (2012). Globalización, integración y regionalización política. En I. Szmolka (ed.), *Elementos para el análisis comparado y procesos políticos* (pp. 239-252). Editorial de la Universidad de Granada.
[185] Kania, E. B., & Costello, J. (2018). Quantum Hegemony? China's Ambitions and the Challenge to U.S. Innovation Leadership. *Center for a New American Security*. Recuperado el 12 de septiembre de 2019, de https://www.cnas.org/publications/reports/quantum-hegemony
[186] Torres, M. R. (2013). Internet como motor del cambio político: ciberoptimistas y ciberpesimistas. *Revista del Instituto Español de Estudios Estratégicos*, (1), 127-148.

los muros rematados con alambre de espino»[187]. Sin embargo, los jerarcas chinos han demostrado que, con respecto a internet, no es necesario tomar la decisión dicotómica de abrazarlo en su integridad o cerrar la sociedad al ciberespacio, sino que existen métodos mucho más taimados[188] de ejercer un control efectivo sobre aquellos usos qué pueden suponer una amenaza a su continuidad en el poder.

Si relacionamos este debate con nuestra reflexión sobre el futuro encontramos una paradoja: la actual estructura política y social de China, lejos de suponer un problema, puede ser un potenciador de sus capacidades frente a sus competidores en el bloque democrático. Pensemos, por ejemplo, en el desarrollo de sistemas basados en *machine learning*. La sofisticación y eficacia de estos sistemas de aprendizaje autónomo se basa en la calidad y cantidad de los datos que utiliza para extraer patrones. En este proceso, China tiene dos ventajas fundamentales: un gobierno autoritario y la cuarta parte de la población mundial. Cuando el objetivo de liderar la carrera tecnológica está muy por encima de cualquier preocupación sobre el respeto a los derechos individuales y la privacidad de sus ciudadanos, China puede hacer cosas que otros países ni siquiera llegarían a plantearse. Su población se convierte al mismo tiempo en el combustible que alimenta de datos a estos sistemas de aprendizaje automático y en el destinatario de las aplicaciones que contribuyen a reforzar el control político y eliminar a la disidencia. Los marcos normativos, lejos de suponer un freno a la voracidad de unos sistemas que necesitan penetrar en la intimidad de los usuarios, son puestos al servicio de la mejora de la eficiencia de estas aplicaciones. China está siendo pionera en la adaptación de herramientas cuyas implicaciones éticas resultan paralizantes en otras latitudes[189]: desde la imputación de delitos a través de sistemas de policía predictiva, a la implantación de sistemas de crédito social, donde un algoritmo determina quienes son los ciudadanos ejemplares que deben ser premiados y cuáles deben ser marginados. Con esta capacidad de experimentación en situaciones reales, resulta altamente probable que, en los próximos años, China sea la campeona indiscutible en el desarrollo de cualquier plataforma cuya sofisticación necesite cantidades masivas de datos. A la falta de límites en la injerencia del poder político sobre la vida de los ciudadanos, se suma una cuestión de magnitud. En el mercado chino, cualquier innovación tecnológica tiene garantizada (tanto de

[187] Harari, Y. N. (2024) *Nexus. Una breve historia de las redes de información desde la Edad de Piedra hasta la IA*, Debate.

[188] MacKinnon, R. (2011). Liberation Technology: China's «Networked Authoritarianism». *Journal of Democracy*, 22(2), 32-46.

[189] Larson, C. (2018). Who needs democracy when you have data? *MIT Technology Review*. Recuperado el 12 de septiembre de 2019, de https://www.technologyreview.com/s/611815/who-needs-democracy-when-you-have-data/

manera voluntaria, como coactiva) la mayor fuente de datos del planeta. No es accidental que los mayores éxitos empresariales de la era de la información (Google, Meta, Amazon, Alibaba, etc.) sean prácticamente monopolistas en sus sectores de mercado. Cuando hablamos del acceso a los datos existe un círculo virtuoso: más y mejores datos permiten a las compañías ofrecer mejores servicios y aplicaciones, lo que aumenta sus ingresos y popularidad, lo que a su vez se convierte en más datos, y en la práctica expulsión de ese sector de aquellos competidores que no cuentan con el acceso a esos volúmenes de información. Esa realidad comercial puede trasladarse al ámbito de la rivalidad geopolítica[190], donde existen potencias que están convencidas que se encuentras embarcadas en una carrera excluyente, donde el primero en llegar podrá ejercer una hegemonía sobre el resto. En un sorprendente giro de la historia, el tamaño de la población de un país vuelve a ser un indicador esencial de su poder. Pero a diferencia de lo que sucedía en las grandes guerras, los hombres no son valiosos porque pueden ser convertidos en soldados, sino por su utilidad para producir los datos que alimentan los algoritmos que librarán las batallas del mañana.

---

[190] Rosenbach, E., & Mansted, K. (2019). The Geopolitics of Information. *Belfer Center for Science and International Affairs*. Recuperado el 12 de septiembre de 2019, de https://www.belfercenter. org/publication/geopolitics-information.

# CÓMO EQUIVOCARSE BIEN

El escritor austriaco Stefan Zweig vivió buena parte de su vida convencido de que el mundo llegaría a convertirse en un lugar maravilloso. Sus primeros escritos rebosan confianza en el progreso humano, la satisfacción por la suerte de vivir en el mejor de los momentos de la historia. Sin embargo, nacionalismo y militarismo terminarían arrasando su fe en una civilización que se adentraba de manera entusiasta en su propia destrucción. En un párrafo especialmente doloroso de su libro *El mundo de ayer*, que se publicaría tras su muerte, escribió: «Nunca amé tanto a esa vieja tierra como en aquellos últimos años antes de la Primera Guerra Mundial, nunca esperé con más ardor la unidad europea, nunca tuve más fe en su futuro que entonces, cuando creímos ver un nuevo amanecer. Pero en realidad era el resplandor de la conflagración mundial que se aproximaba...». No pudo aguantar desde el exilio la percepción de cómo ese futuro prometedor que creía esperaba a Europa, su «patria espiritual», se había tornado en un infierno de irracionalidad y destrucción. A pesar de estar a salvo en Brasil, Zweig y su esposa, Lotte Altmann, asumieron que era inevitable que el mundo entero cayera bajo el dominio nazi. La policía encontró al matrimonio muerto en la cama tras ingerir una dosis letal de barbitúricos.

Somos los creadores y las víctimas de nuestros propios espejismos. En el fondo no somos demasiado diferentes de esas personas que se arrastran tambaleantes en un desierto del que tratan de escapar. La sed nos predispone y el calor extremo facilita el efecto óptico, la luz se curva debido a diferencias de temperatura en las capas de aire, creando esa apariencia fantasmal en la cual creemos reconocer el manantial que nos salvará. El problema de los espejismos no es la decepción de comprobar cómo estas ensoñaciones se desvanecen a medida que nos acercamos a ellas, sino que desviamos nuestro rumbo para intentan capturarlas, lo que termina consumiendo de manera estéril nuestras últimas fuerzas.

La predicción del futuro se ha convertido en una máquina de crear espejismos. La sensación de vivir en un mundo gobernado por el azar es profundamente perturbadora. Para evitarla nos esforzamos en detectar algún tipo de regularidad, de pauta que nos indique hacia donde nos dirigimos. Sin embargo, no es nuestra necesidad extrema lo que las convierte en un imán irresistible, sino nuestros propios engaños al recubrir estas ensoñaciones con una pátina de cientificidad que nos empuja a creer en ellas.

A pesar de ello, necesitamos pensar en el futuro, pero debemos hacerlo de una forma que esas proyecciones no se conviertan en una pesada carga que hipoteque nuestro presente con malas decisiones. Aquí cinco humildes propuestas sobre cómo hacerlo:

1. *Asume que lo más probable es que te equivoques*. Aceptar esta realidad te hará ser más cauto y posiblemente te disuada de apostar todos tus recursos a un único desenlace, por muy convincente que este te pueda resultar. La novelista tras el pseudónimo George Eliot no tenía dudas respecto a que «De todas las formas de error, la profecía me parece la más gratuita». El exceso de confianza es el enemigo silencioso de una predicción sensata. Si te sientes 100% seguro de algo, lo más probable es que ignores datos importantes. Como regla general, desconfía de tus certezas. La planificación de escenarios se basa precisamente en la premisa de no hay un único futuro, sino múltiples futuros posibles, en ocasiones enfrentados radicalmente entre sí. El escepticismo sobre nuestra capacidad de predecir no significa entregarse a la inacción, sino no perder de vista el peligro que supone asumir como cierto una única imagen del mañana y basar nuestro presente en esa idea. El principal valor de la predicción es que, de alguna manera, nos permitir medir el impacto de nuestros errores. No todos los fallos son iguales. Profetizar incorrectamente una pequeña tendencia es menos grave que equivocarse en algo que te lleva a un punto sin retorno. La mejor pregunta que nos podemos hacer es: «Si fallo, ¿qué puede pasar?» y enfocar nuestros esfuerzos en evitar los errores que pueden resultarnos más dañinos.

2. *Reconoce tus sesgos*. La mente humana es un campo de minas cognitivas. Estamos predispuestos a subestimar lo inesperado, sobrevalorar nuestras creencias y buscar patrones donde no los hay. Antes de predecir, pregunta: «¿Es mi opinión un reflejo del mundo o de mis propias expectativas?». Nuestro cerebro se adapta a la complejidad del mundo que nos rodea adoptando todo tipo de atajos mentales. Es algo que no podemos evitar, pero sí mitigar. Tómate el tiempo necesario para cuestionar tus suposiciones y busca deliberadamente puntos de vista opuestos. Usa herramientas como listas de pros y contras, o la consulta con personas que piensen de manera diferente. Puede que tus predicciones sean igualmente erróneas, pero en el proceso seguramente habrás ampliado tu comprensión de los problemas más complejos.

3. *Abraza la incertidumbre.* Las mejores predicciones no son categóricas; acceptan un generoso margen de error. Usa frases como «probablemente», «en el peor de los casos» o «en un escenario optimista». Así, tus predicciones reflejarán más honestidad y te prepararán para diferentes resultados. Aceptar la incertidumbre también implica comprender que el mundo es dinámico y que las variables pueden cambiar sorprendentemente rápido. El futuro rara vez se comporta de forma lineal. Las revoluciones tecnológicas, las crisis políticas o los desastres naturales suelen romper patrones esperados. Prepárate para sorpresas y para endiablados cambios de ritmo. Por ello, es vital mantener la mente abierta y estar dispuesto a ajustar tus predicciones frente a nueva información. Considera la ignorancia sobre el futuro no como un obstáculo, sino como una herramienta que te fuerza a diversificar estrategias, explorar múltiples alternativas y evitar enfoques rígidos. Al hacerlo, te haces más resistente a los imprevistos y ganas capacidad para adaptarte a los efectos de fuerzas que no controlamos.

4. *Prioriza las tendencias, no los eventos aislados.* Los eventos dramáticos nos sacuden con fuerza y se fijan en nuestro pensamiento como un ancla, pero esto nos impiden en ocasiones apreciar las tendencias que los preceden. Los eventos aislados, aunque llamativos, suelen ser impredecibles y muchas veces no representan el panorama completo. En cambio, las tendencias proporcionan una visión más consistente y confiable de hacia dónde se dirige el futuro. Estas señalan cambios graduales pero sostenidos en el tiempo que moldean la realidad de forma duradera. Ignorarlas equivale a navegar a ciegas, sin comprender las fuerzas que están transformando el mundo. Fijar nuestra vista en lo anecdótico nos llevará inevitablemente a ver continuamente puntos de inflexión donde lo que hay es una mera anomalía dentro de algo mayor. Por ejemplo, en lugar de tratar de predecir el próximo gran avance tecnológico, observa las inversiones en investigación, los cambios en las políticas regulatorias o las dinámicas del mercado que lo posibilitan. Al enfocarte en tendencias, puedes preparar estrategias más robustas y menos dependientes de momentos condicionados por el capricho del azar.

5. *No lo fíes todo a la tecnología.* La Inteligencia Artificial, ha dado un nuevo impulso a los autoengaños. Esta ironía fundamental —la de crear tecnologías que simultáneamente reflejan y amplifican nuestras limitaciones humanas— lleva a un ciclo perpetuo de expectativas y desilusiones. Los sistemas de IA, con su aura de objetividad y capacidad de procesamiento, nos seducen con la promesa de destilar el caos del mundo en predicciones claras. Estos sistemas son lo suficientemente inescrutables y misteriosos como para que nos convenzamos de que nuestras propias creaciones son capaces de llegar allí donde el hombre ha fracasado una y otra vez. Sin embargo, han heredado nuestros propios límites. El desafío no reside solamente en cómo mejoramos estas tecnologías, sino también en cómo mejoramos nuestra relación con ellas. ¿Cómo podemos usar la IA, no

como un oráculo infalible, sino como una herramienta para cuestionar y expandir nuestra propia comprensión del mundo? Su verdadera utilidad radica en su capacidad para ayudarnos a navegar por la incertidumbre con mayor agilidad y perspicacia. Podrían colaborar en la identificación de patrones no evidentes para el análisis humano, o a probar hipótesis sobre las consecuencias a largo plazo de las decisiones políticas y económicas. Debemos asumir que ninguna tecnología puede eliminar los riesgos inherentes a la predicción. Los eventos futuros están influenciados por una infinidad de factores que no pueden ser modelizados. Por tanto, en lugar de usar la IA para buscar certezas, deberíamos usarla para mejorar nuestra resiliencia frente a lo desconocido, equipándonos mejor para adaptarnos y responder a cambios imprevistos. La diversificación es la mejor protección que tenemos frente a la incertidumbre, sin embargo, nuestros recursos son limitados y no podemos apostar por todas y cada una de las posibles hipótesis. Para que este potencial se materialice, es crucial que los sistemas de IA sean diseñados con una comprensión profunda de la principal lección que nos pueden aportan las ciencias sociales y la filosofía: que los seres humanos somos imperfectos, impredecibles y emocionales.

Stefan Zweig, y su experiencia vital con una Europa iluminada por la esperanza y desgarrada por sus propias contradicciones, nos recuerda que nuestra fe en el progreso debe ir acompañada de un escrutinio constante de los valores que guían ese camino. Nunca logremos predecir el futuro con total certeza, pero al enfrentarnos a nuestras propias limitaciones con honestidad, podemos encararlo sin el pesado lastre de nuestras malas decisiones sobre cómo creíamos que sería el mundo.